NIETZSCHE

La Voie du Surhomme

Par
Jean-Louis de Biasi

Éditions Theurgia
www.theurgia.us

Éditeurs : Jean-Louis de Biasi - Patricia Bourin

Éditions Theurgia © 2019
2251 N. Rampart Blvd #133, Las Vegas, NV 89128, USA
secretary@theurgia.us
Fabriqué aux États-Unis
ISBN : 978-1-926451-28-2

Découvrez les autres publications de "Theurgia"
www.theurgia.us

Γένοι οἶος ἐσσί

« Deviens ce que tu es »

SOMMAIRE

INTRODUCTION

"Je ne lis que ce que quelqu'un écrit avec son sang. Écris avec ton sang et tu verras que ton sang est esprit."[1]

Lire Nietzsche, c'est lire non seulement une pensée, une fulguration, mais aussi et surtout une vie dont l'écriture est marquée du sceau de ses entrailles. Chaque problème abordé lors de l'étude de son œuvre ne peut et ne doit être coupé de notre propre réaction et affectivité.

Nietzsche pourrait-il être pensé, analysé, sans casser la dynamique qu'il a voulu imprégner et voiler dans ses textes, qui jaillit au visage de celui qui parcourt ces cavernes et ces cimes ?

"Osez donc d'abord croire en vous-mêmes, en vous-mêmes et en vos entrailles."[2]

Parler et écrire sur le personnage de Nietzsche ne peut donc se faire qu'avec son sang et ses pulsions ; plus même, ne *doit* se faire qu'avec son propre sang, alors seulement ce dernier deviendra esprit.

La tâche avouée que se donne Nietzsche est la destruction des valeurs morales, le combat contre une forme de religion indécente, inutile et dangereuse. On ne peut longtemps dissocier chez Nietzsche la morale de la religion. Est-ce une "lutte à mort contre le "christianisme" ou une "transvaluation de toutes les valeurs ?" L'un peut-il aller sans l'autre, alors que la morale, création "sémite" par excellence est au centre même de la théologie, de la métaphysique et de la philosophie ?

S'attaquer aux valeurs, c'est détruire l'édifice religieux judéo-chrétien. Issu d'une famille protestante, ses études ne seront pas différentes de celles qui préparent à la théologie et à la fonction de pasteur. Lui-même, à la fin de ses études primaires, hésitera quant à son orientation, ne sachant vers quelle voie se diriger, le pastorat ou le professorat. Peut-on

---

[1] A.P. Z., 1° partie, *Lire et écrire*, p. 50.
[2] Ibid., De l'immaculée connaissance, p. 172, 2° partie.

encore imaginer Nietzsche, envisageant, avec une hésitation tout à fait sincère, la charge de pasteur ?

Sa formation de philologue, ses lectures, vont orienter sa personnalité, sa vie, hors de cette "décadence institutionnelle". Emerson, Schopenhauer, Wagner vont être des pôles l'amenant à prendre pour règle de ne jamais accepter quelque chose pour vrai, qu'il ne l'ait connu, senti et vécu comme tel.

Ses études, guidées par son maître Ritschl, vont former son esprit. Certains collègues marqueront sa pensée sur des points précis que nous soulignerons le moment venu.

Mais cette recherche, sous l'impulsion de Ritschl, ne pouvait rester chez Nietzsche purement intellectuelle et il était absolument nécessaire qu'elle passe dans son sang, dans sa vie. Cet apport de l'hellénisme va modifier totalement sa perspective d'approche. Le paganisme, puis le nihilisme vont le projeter vers le sol, la terre, le replaçant dans les courants dynamiques du hasard et du cycle éternel du cosmos. C'est à cette charnière que peut se situer la brisure entre Nietzsche et le christianisme.

Le fil directeur que nous nous sommes donnés, est cette ligne "de faille" qui sépare le christianisme du paganisme. C'est, à notre sens, sur cette séparation nécessairement fragile que s'établit la philosophie de Nietzsche, philosophie qui est l'expression profonde de sa vie. Il nous a donc paru intéressant de parcourir de nouveau, à la suite de beaucoup d'autres, le problème religieux et moral chez Nietzsche. Mais c'est surtout au "dernier disciple et initié de Dionysos" que nous nous référons. Tout en étant tout à fait conscient de ce qu'une étude structurée de cet auteur peut avoir de déformant quant à sa pensée. Sans nul doute, c'est par l'utilisation d'aphorismes qu'un commentaire de Nietzsche correspondrait le mieux à ce qu'il aurait souhaité. Cependant, l'articulation de travail étant située sur cette frontière faite de rocs et de glace, nous conserverons à l'esprit ce que Nietzsche écrivait aux lecteurs désireux de l'entendre :

"Il faut une rectitude dans les choses de l'esprit parvenant à la dureté...
Il faut être exercé à vivre sur des montagnes[1]" car "qui sait respirer l'air
de mes écrits sait que c'est l'air des altitudes, un souffle rude[2]."

"Il faut le courage de ce qui est interdit, la prédestination au labyrinthe...
Il faut être supérieur à l'humanité par la force, par l'altitude de l'âme par
le mépris..."[3] Sa lecture devrait amener chez le lecteur une totale
transformation de l'être. Ainsi, écrivait-il pour *Zarathoustra* :

"En comprendre seulement six phrases, c'est-à-dire les avoir vécues,
élève un mortel à un degré plus haut que le niveau où peuvent atteindre
les gens d'aujourd'hui."[4]

Nietzsche place donc son œuvre à l'égal d'un Biblion. Elle contient tout
ce qu'il faut pour changer l'humanité, vérité encore dissimulée derrière
un voile teinté des éclairs d'orage devant lequel se dresse l'ironie
Nietzschéenne.

Témoin, cette dédicace :

"A mon lecteur
Bonne mâchoire, bon estomac,
C'est ce que je souhaite.
Quand tu auras digéré mon livre
Tu t'entendras certainement avec moi."[5]

Notre volonté a donc été de nous rapprocher de la pensée vivante de
Nietzsche et de vivre avec lui son passage de la morale chrétienne à une
philosophie libre de toute entrave. De la même manière que la culture
antique se développe dans le temps "à la façon d'une structure vivante,
à la fois une et multiple, continue et discontinue", de même abordons-
nous cette réflexion. " Mais ce qui importe avant tout, c'est de préserver

---

[1] A.C., Prologue, p. 7-8.

[2] E.H., Prologue III, p. 9.

[3] A.C., Prologue, p. 7-8.

[4] E.H., Pourquoi j'écris de si bons livres, I, p. 64.

[5] G.S., Prologue en vers, § 54, p. 31.

en soi, toujours renouvelée... la vertu du contact immédiat, ingénu, spontané, en un mot la naïveté ; Prenez le texte. Et qu'il n'y ait rien entre vous et le texte."[1] (Péguy)

---

[1] René Schaerer, Le héros, le sage et l'événement, Aubier montaigne, Introduction, p. 28.

DE LA JEUNESSE A L'ECLAIR PHILOSOPHIQUE

L'aurore familiale

"En Allemagne un scepticisme téméraire s'est développé précisément chez les enfants de pasteurs ; pourquoi ? Un trop grand nombre de philosophes et de savants allemands, fils d'ecclésiastiques, ont vu de près le personnage sacerdotal, et le résultat est qu'ils ne croient plus en Dieu..."[1]

Nietzsche est-il cet enfant de pasteur, ou est-il cet "homme qui considère comme un privilège d'avoir eu un tel père."[2] "Il me semble, écrit Nietzsche, que cette circonstance explique tous les autres privilèges que je possède, sauf ma vie et ma faculté de l'approuver toujours sans réserve."[3] Pour s'interroger sur le rapport de Nietzsche avec la religion, il convient d'observer ce que furent ses premières années et tenter de cerner le dépôt dont il fut le réceptacle.

En février 1859 Nietzsche écrit : "Fils d'un pasteur protestant de campagne, je suis né le 15 octobre 1544 dans le village de Rôcken, non loin de Merseburg et c'est là que j'ai passé les quatre premières années de sa vie. Mais lorsque la mort prématurée de son père nous contraignit à chercher une nouvelle patrie, c'est à Naumburg que se porta le choix de ma mère. J'y reçus ma première formation dans un institut privé préparant au gymnase de la cathédrale, mais ne fréquentais pas longtemps ce dernier établissement, l'occasion s'étant présentée pour moi de trouver accueil à l'école voisine de Pforte."[4] Ainsi se trouve défini en quelques lignes, son itinéraire de jeunesse.

C'est au sein de ces familles pastorales que les hommes de talent d'Allemagne, s'élevèrent. Par-delà les caractères familiaux concrets,

---

[1] Nietzsche (XIII, 314), cité par Karl Jaspers, in Nietzsche et le christianisme, les éditions de minuit, Paris, 1949, p. 12.

[2] E.H., III, Pourquoi je suis si sage, p. 23.

[3] Ibid.

[4] O.P., t. IX, Lettre 612, p. 645.

difficiles à retracer, c'est à une ambiance et une simplicité de vie qu'il faut faire appel pour approcher le presbytère allemand du 18° siècle.

"Nul doute qu'il ne faille s'expliquer ainsi la sérieuse préoccupation qu'il a toujours eu du christianisme et de son action dans le monde.".[1] Installé à Naumburg, F. Nietzsche devint un enfant taciturne, d'un maintien grave et de manières distinguées. Car une ombre de mélancolie planait depuis la mort du père sur cote enfance qui aurait pu être heureuse. F. Nietzsche fut réfléchi, loyal et droit comme ce père qu'on pleurait autour de lui, et auquel il aurait tant voulu ressembler. Nul camarade n'eût osé prononcer devant lui une parole grossière. Son regard tranquille et méprisant les paralysait. Il était d'une sincérité centrée avec lui-même et seul le sacrifice le plus lourd lui paraissait le plus probant. Physiquement solide et haut en couleurs, son corps lui permettait les activités nombreuses de son âge.".[2] Notons un commentaire de Karl Joël dans lequel les jeux de Nietzsche illustrent sa faculté de symboliser.[3] Son christianisme, issu de la maison paternelle, lui était devenu un "épiderme de santé." L'accomplissement des devoirs chrétiens le satisfaisait comme une joie intime... Tout enfant, il savait réciter des versets de la Bible et des cantiques.".[4] A 12 ans, a-t-il écrit plus tard, j'ai vu Dieu dans sa magnificence." Or, loin d'une volonté d'édifier une hagiographie nietzschéenne, il ne s'agit que d'une enfance commune et tranquille, marquée uniquement par les quelques traits saillants de caractère que manifeste chaque enfant. Ainsi l'adolescent, juste continuation de ces années, va considérer le christianisme "comme la meilleure doctrine, car, dans celle-ci, le salut ne tient pas au dogme, mais à la foi.".[5] De même, dans la doctrine du Dieu fait homme, le salut promis par la foi n'est pas à chercher dans l'au-delà mais sur la terre. Le christianisme fait donc appel à notre force. Il veut que nous décidions nous-mêmes notre destin. Être chrétien, pour Nietzsche, c'est affirmer son "autonomie morale".

---

[1] Charles Andler, Nietzsche, sa vie, sa pensée, Paris, 1931 ; t. II Jeunesse de Nietzsche, II, p. 33.

[2] Cité par Ch. Andler in op. cit. p. 30-32.

[3] Ibid., p. 43.

[4] Ibid., p. 44.

[5] Ch. Andler, op. cit., Formation de Nietzsche, t. II, p. 55.

"Une question prime toutes les autres, celle de l'individu... c'est la cause déterminante dernière.".[1] C'est là une articulation importante de la pensée religieuse de Nietzsche adolescent. Dans le christianisme, le salut vient de la foi, d'un sentiment jaillissant à l'intérieur de nous. Dieu c'est fait homme et c'est là la révélation marquante pour Nietzsche, celle du mystère de l'incarnation. Or, si Dieu prend un corps, n'est-ce pas pour souligner et accentuer l'individualité. La dimension humaine sera revalorisée à l'image de l'exemple divin.

Dieu ne meurt pas, n'est pas tué, ne disparaît pas ; mais plus traditionnellement, Dieu s'incarne.

Ce n'est donc pas, à une rupture avec le christianisme que nous assistons, à ce point, mais plutôt à une interprétation personnelle. Sa lettre de Bonn (décembre 1954) montre à plusieurs reprises la présence de la religion autour de lui comme tradition familiale." Ce qui domine à Bonn est le catholicisme, et même hélas le jésuitisme ; et le protestantisme que les jésuites se donnent pour tâche d'extirper." En ce qui concerne l'intérieur de son habitation, Nietzsche note : "Le portrait de mon défunt père est accroché au-dessus du piano, sous une gravure en couleur de la descente de la croix.".[2]

L'étudiant

D'octobre 1864 à janvier 1867 s'écoulent les années universitaires du jeune étudiant, à Bonn, puis à Leipzig. C'est dans cette période que le grand maître de Nietzsche, Friedrich Ritschl (1806-1876), va le guider d'une main sûre et autoritaire au travers des études de Philologie. Son aptitude au travail précis et profond, sa méthode sûre, vont lui permettre de s'élever très rapidement au meilleur niveau de cette discipline. Maître brillant et exigeant, Ritschl va faire éclore ce qu'il y a de prometteur chez cet étudiant. Cependant un développement parallèle et intérieur est en train d'agiter l'esprit de Nietzsche, celui de la philosophie. Durant l'hiver 65-66, il découvre un livre de Schopenhauer dans une boutique

---

[1] Ibid.

[2] O.P., t. IX, Lettre 454, p. 336.

d'occasions. Contre son habitude de ne pas mettre de hâte dans ses achats de livres, il suit l'injonction intérieure issue de quelque démon : "Prends ce livre et lis." Nietzsche fut puissamment saisi par le besoin de se connaître. Le réconfort du bréviaire schopenhaurien lui "enseigna la purification par la douleur, le dépouillement de soi et le total renoncement.".[1] La réforme Ritschlienne ne visait qu'à faire des esprits lucides. La pensée de Schopenhauer permettait de changer les hommes en profondeur.

Dans cette période d'étude et de découvertes intérieures, ce n'est pas à un Nietzsche froid et intellectuel que nous avons à faire, mais à un vif passionné. Sa découverte de Schopenhauer ne peut rester conceptuelle et sans application. Les premières réactions sont profondes et vont jusqu'à "la macération physique." Ainsi il s'astreignit 15 jours de suite à ne jamais se mettre au lit avant deux heures du matin et à le quitter exactement à six heures. Une excitation nerveuse s'empara de lui et ce ne furent que les exigences d'études régulières qui agirent sur lui comme un contrepoids. Les diverses conceptions étudiées pénétrèrent Nietzsche et formèrent une nouvelle compréhension : les faits du dehors sont des enveloppes vides que nous devons remplir d'un contenu d'âme nouveau. L'aspect créatif est très clair, puisque par ce mouvement c'est à chacun de créer sa destinée. L'évaluation que nous faisons des événements en fait la seule réalité. Il suffirait d'une vision nouvelle du monde pour qu'il soit changé. Nietzsche croit ainsi recréer le réel par la seule attitude du sentiment qui blâme ou approuve.

L'éclair philosophique

Dans sa lettre d'avril 1866, les premiers éclairs de sa future philosophie commencent à traverser les épaisses nuées de sa conscience : "Hier, le ciel laissait présager un orage de première grandeur, je gravis en toute hâte un sommet voisin…. Je trouvais là-haut une hutte, une hotte en train d'abattre deux chevreaux et son garçon. L'orage éclata sur le mode le plus violent, avec tempête de grêle... Qu'avais-je à faire de l'éternel :

---

[1] Ch. Andler, op. cit., Découverte de Schopenhauer, t. II, p. 87.

"Tu dois, tu ne dois pas ?" Comme c'était autre chose, l'éclair, l'ouragan, la grêle, libres forces sans éthique !".[1]

Dans la même lettre, Nietzsche s'exprime quant au christianisme et écrit : "Si christianisme veut dire "croyance en un événement historique ou en un personnage historique", avec ce christianisme là je n'ai rien à faire. Mais s'il s'agit seulement d'un besoin de délivrance, je le puis apprécier grandement et ne lui en veut même pas de sa prétention à discipliner les philosophes.".[2]

Quant à la métaphysique, Nietzsche écrit deux ans plus tard : "Le royaume de la métaphysique et la "province de la vérité absolue" ont été rejetés de la sorte dans le même domaine que la poésie et la religion ! Elle appartient pour quelque homme au domaine des besoins de la sensibilité ; elle est essentiellement édifiante... Il faut tenir fermement que ni comme religion, ni comme art. la métaphysique n'a aucun rapport avec ce qu'on appelle "vrai ou étant en soi.".[3]

Parvenu au terme de ces années d'étudiant, Nietzsche "voudrait être (dans sa tâche prochaine d'enseignant) un peu plus qu'un dresseur de consciencieux philologues.".[4]

Les exigences strictes de la philologie, ont été dépassées par cet esprit, qui a reçu les bases fondamentales de sa future philosophie. En ce qui concerne la religion et la morale, nous avons pu voir au travers des diverses lettres la progression de sa pensée.

Le christianisme nous développe le dogme du Dieu fait homme, Dieu incarné. C'est cet aspect qui va rester au centre des préoccupations intérieures de Nietzsche. Ainsi, lorsqu'il étudiera l'aspect philologique de la critique des Évangiles et de la recherche des sources du Nouveau Testament, il retrouvera un christianisme dégagé de la gangue qui le recouvrait. Perçu comme une dynamique de dépassement, il trouvera grâce à ses yeux. Mais si le christianisme est ainsi perçu, la morale qui en

---

[1] O.P., t. IX, Lettre 500, p. 425.

[2] Ibid., p. 425.

[3] Ibid., Lettre 568, p. 557.

[4] Ibid., Lettre 632, p. 662.

découle ne peut être transcendante et doit découler des actes libérés du "tu dois".

Le milieu professoral

Il apparaît intéressant de donner un bref aperçu des apports dont Nietzsche a bénéficié au contact de ses collègues enseignants. Nous citerons donc les principaux de ceux-ci qui ont eu un rapport avec l'objet de notre étude. Ces divers éléments vont s'incorporer parfois étroitement à sa pensée.

Nietzsche semble avoir connu les œuvres majeures de Friedrich Schlegel. Il s'agit là de l'interprétation romantique de la culture grecque dans ce qu'elle a d'original en fonction des mentalités primitives. L'univers dont nous dépendons, est l'image d'une mystérieuse toute puissance. La force infinie pénétrant dans l'être produisait le délire, ouvrait les yeux des hommes sur l'autre monde alors que le langage des gestes se fixait en mythes.

Pour A. Feuerbach, les Grecs étaient parvenus à la forme d'art intégrale, unissant la "plénitude visuelle, plastique, sonore et mobile, émouvante et intelligible." Cette œuvre d'art intégrale était la tragédie qui se préparait "par les fêtes rituelles célébrées dans les temples." [1] Le récit était une grande fresque sacrée dans laquelle le public se projetait. Lors de l'apparition du Dieu, par exemple, le public ne voyait pas se matérialiser une simple apparence, mais subissait une véritable théophanie. L'influence de Feuerbach sur Wagner fut très nette et c'est à cette reprise de la tragédie grecque que se destina l'artiste allemand.

Professeur comme Nietzsche, Friedrich Creuzer veut pénétrer au plus profond du mythe par une étude historique, jusqu'à en cerner l'essence même. Nietzsche doit beaucoup à Creuzer, notamment dans sa lecture du mythe tragique de Dionysos. Selon Creuzer, "toute émotion littéraire est issue de l'émotion du sacré. La prêtrise seule est intellectuellement créatrice. Toute poésie est d'abord hiératique... Le chant liturgique sort

---

[1] Ch. Andler, op. cit., t. II, p. 231.

des incantations rythmées et des formules magiques. Le poète est d'abord celui qui peut se faire entendre du Dieu, apaiser ou émouvoir la foule."[1] Les philosophes grecs ne déclareront qu'ensuite la guerre aux mythes (Aufklàrun). Nietzsche reprendra cet aspect en voyant dans l'esprit philosophique cette survivance de l'esprit sacerdotal. Le premier, Creuzer devina le monde de misère et d'épouvante caché derrière les mythes de l'antiquité : la douleur et la mort, comme loi du monde.

J.J. Bachofen va lui apporter l'idée de la religion dionysiaque par rapport à la religion matriarcale passant au patriarcat. Dionysos est le Dieu de la vie et de la mort. Ainsi s'infiltrait dans la pensée de Nietzsche la notion de "civilisation dionysiaque."

Le monde grec

Nietzsche, jeune professeur, ne peut se contenter de la vie large et sécurisante de l'activité des temples de la culture. Il lui faut s'aventurer sur cette route incertaine, introduisant au cœur même de la recherche du savoir. Les "cinq conférences sur le devenir de nos établissements d'enseignement" reflètent l'articulation de sa pensée vis à vis de la transformation intérieure que doit procurer la philosophie. Il est donc intéressant de rappeler ce que Nietzsche développe dans ce texte.

La véritable culture, n'est le fait que d'un petit nombre d'hommes et celui-ci ne peut exister que si des hommes innombrables luttent pour l'acquérir. Dans nos établissements d'enseignement, deux courants se développent : "l'extension ou l'élargissement maximal de la culture" et "la réduction ou l'affaiblissement de la culture elle-même." On désire une culture rapide pour s'enrichir et une culture approfondie pour accroître la fortune. Mais la culture la "plus universelle, c'est justement la Barbarie."

Comment alors ramener l'élève dans la patrie de la culture : le monde hellénique ?

---

[1] Ibid., p. 235-236.

Il convient, dans le gymnase, de prendre sa langue au sérieux. Il ne faut pas supposer une culture formelle atteinte par un tout petit nombre d'hommes, mais plutôt accueillir l'originalité. Le dressage important est celui de la parole et de l'écriture, qui, par l'exercice des langues, nous permettra de rejoindre ce "château du monde hellénique entouré de murs de diamants."

Ainsi, il faut voir dans les hérauts bruyants du besoin de culture, les adversaires fanatiques de la vraie culture. Leur volonté est, en effet, l'union sacrée par le royaume de l'intellect et la vocation de la masse à servir." Le but doit être "la culture d'individus choisis, armés pour accomplir de grandes œuvres qui resteront.".[1] Le philologue doit devenir un peu de race grecque, pour pénétrer le sanctuaire et ne pas gaspiller son temps à "relever des monuments funéraires et à briser l'antiquité elle-même.".[2]

C'est donc là la caractéristique qui lui est personnelle, dans cette approche qui ne va pas rester la simple visite d'un musée. La langue, de la même manière que l'art, peut être exposée par débris le long des couloirs du savoir. Ici une Vénus, là une Victoire, ici encore un kouros ou un eïdolon. De même, des fragments des présocratiques côtoieront des phrases de Platon ou des hymnes orphiques. L'étude de chacun d'eux sera apposée sous l'œuvre et tous pourront déambuler dans ces musées particuliers. Nietzsche brise cette exposition et veut pénétrer, comme nous l'avons vu, dans le monde grec. Ceci est la seule voie, réservée à une élite, certes, mais c'est ce petit nombre de gens qui fera l'histoire. L'étude intellectuelle peut cependant remettre en question des normes établies, bouleverser le paysage philologique habituel, elle ne modifiera pas pour cela l'individu et ne pourra porter une critique philosophique sur l'être, le monde ou l'histoire.

Nietzsche, au contraire, va, dans ces années pendant lesquelles il dépasse la philologie au sens strict, ouvrir sa pensée philosophique et sonder le

---

[1] O.P., t. I, Sur l'avenir de nos établissements d'enseignement, troisième conférence.

[2] Ibid.

monde grec. Loin de se borner à un mimétisme rassurant, il veut "dépasser les Grecs eux-mêmes."

Jeune philologue, les thèses de Paul de Lagarde vont le marquer par leur pertinence et leur justesse d'analyse. Résumons brièvement ces diverses conceptions.

Pour ce dernier, les trois religions régnantes en Occident, sont aujourd'hui mortes ; la protestante, la catholique et la juive. Le christianisme primitif est à ses yeux "le dernier exemple d'une vie religieuse vraiment créatrice" et il nous faut donc dégager la religion éternelle qui y est cachée. Il est donc possible de parvenir "à la vie chrétienne vraie, par l'extrême scepticisme à l'endroit de la tradition."[1]

Le premier individu défigurant cette vie originelle est Paul qui "introduit dans le courant primitif l'exégèse pharisaïque, le sacrifice juif et la théorie juive qui attache le salut à des faits historiques précis, qu'il faut croire."[2] Lagarde a donc voulu pénétrer jusqu'au fait religieux éternel, à la vie religieuse, traversant les dégénérescences, les falsifications et les ignorances qui ont fait du christianisme primitif, la forme religieuse que nous connaissons. Bien plus, pour Lagarde, les idées de royaume de Dieu, de péché et de salut valent éternellement et l'intuition intérieure contenue dans les textes peut nous saisir. C'est un rapport qui unit l'âme à l'Eternel dans une vie commune. Cette présence intérieure est ce qu'on appelle Dieu e "la seule religion possible est d'aimer Dieu en l'homme." Lagarde écrivait : "Sous l'influence d'un génie religieux, produisez votre religion propre, individuelle et nationale, ce sera produire en vous votre Dieu."[3]

Dans cette perspective, le christianisme devient une religion qui s'ouvre sur la dimension proprement religieuse présente en chaque homme. La critique historique de la tradition tue le dogme, dans ce qu'il peut avoir de rituélique et de théologique. Il ne s'agira donc pas pour Nietzsche d'une disparition pure et simple du christianisme, mais d'un autre stade d'interprétation, plus conforme au fait historique et plus proche de

---

[1] Ch. Andler, Op. cit., t. II, p. 357.

[2] Ibid., p. 361-362.

[3] Ibid., p. 365.

l'expérience individuelle. Bien plus, le christianisme présenté par Paul de Lagarde s'ouvre largement et peut permettre l'élaboration d'une dimension propre de la divinité. Produire en nous notre Dieu, ou devenir nous-mêmes des surhommes ? C'est le chemin que Nietzsche va parcourir jusqu'au Zarathoustra, après avoir reçu l'intuition de l'hellénisme.

L'essai de Franz Overbeck va poser des questions cruciales, quant au problème qui nous occupe.

Pour Overbeck, le christianisme est de l'antiquité venue à nous par un héritage vivant. Le problème crucial est de "savoir si l'antiquité est un bloc ou si on peut la dissocier en paganisme et christianisme."[1] La victoire de la religion chrétienne signifie-t-elle un retour à un état d'esprit pré-hellénique ?

Le christianisme est pris ici dans la dimension de sa tradition historique et de sa dimension divine dans l'homme.

Il ne s'agit donc pas d'une attaque contre le christianisme lui-même ou d'une remise en cause globale de l'élément religieux. La dimension chrétienne est présente et son existence dans l'entourage de Nietzsche ne fait problème qu'en tant qu'institution traditionnelle. Nietzsche ne se pose, alors, que le problème historique et la valeur de l'état chrétien est, suivant cette perspective, ramenée de Paul le pharisien, à Jésus. Son cadre de réflexion est celui d'un intellectuel chrétien et c'est en tant que philologue et philosophe qu'il va s'introduire dans le monde hellénique, en tentant de cerner l'apparition de Dionysos en Grèce et la naissance de la tragédie.

Loin de demeurer une pure recherche intellectuelle, nous allons nous apercevoir que l'introduction dans ce monde hellénique va marquer une totale conversion de l'esprit du jeune universitaire.

---

[1] Ibid., p. 369.

Dionysos

La vision dionysiaque du monde, apparaît comme la première recherche intérieure de Nietzsche, vis-à-vis du monde grec. Il ne s'agit pas ici d'une simple étude philologique, mais de l'examen approfondi de l'apparition de Dionysos en Grèce et de son influence sur l'origine de la tragédie. A travers ce point particulier, nous allons nous apercevoir que cette quête fonde, pour une large part, la philosophie de Nietzsche.

Sa démarche va nous pousser à quitter l'observation extérieure et à nous identifier à l'action de ce nouveau dieu faisant son entrée en Grèce." L'art dionysiaque, écrit Nietzsche, repose sur le jeu avec l'ivresse, l'extase.".[1] "Les fêtes de Dionysos ne concluent pas seulement le pacte d'homme à homme, mais réconcilient l'homme et la nature. L'homme s'élève, la terre et les animaux se mettent à parler, l'homme commence à se sentir Dieu.".[2] "Dans le monde ensorcelé tel qu'Euripide l'esquisse dans les Bacchantes, la nature fête an réconciliation avec l'homme... Chez les Grecs, pour se magnifier, il fallait que ces créatures se ressentissent elles-mêmes dignes d'être magnifiées, et devaient se trouver dans la sphère supérieure, élevées dans l'idéal sans que ce monde de contemplation parfait agisse comme un impératif ou comme un reproche.".[3] Dionysos étant aussi le dieu présidant la mort, dans la vision tragique du monde, la vie et la mort se trouvent mêlées au sein de la finitude. "Le pathos tragique n'est pas un pessimisme tragique de la vie... mais plutôt l'acceptation de celle-ci, l'assentiment enthousiaste au terrifiant et à l'effrayant, à la mort et au déclin. L'acceptation du déclin ne nous amène pas au sein des forces destructrices de la matière, mais au plus profond de la vie, au point où surgit l'individualité.".[4]

Cette acceptation permet à l'esprit de s'immerger dans le courant du devenir. L'incarnation ne se déroule pas selon la perspective théologique

---

[1] O.P., t. IX, La vision dionysiaque du monde, p. 50.

[2] Ibid., p. 51.

[3] Ibid., p. 56.

[4] Eugen Fink, La philosoph1° de Nietzsche, Les éditions de minuit, 1986, I-2, p. 22.

chrétienne, mais se trouve accomplie de fait, par l'acceptation du mouvement de la vie. Il convient de "rester fidèles à la terre".[1] et de descendre dans le fleuve héraclitéen. C'est là, la rupture que Nietzche va effectuer et qui va le retrancher définitivement du temps et du monde chrétien. "Nous nous baignons et nous ne nous baignons pas dans le même fleuve."[2]

La révélation

Nietzsche, étudiant et enseignant, aborda les conceptions grecques du devenir. Cette étude intellectuelle l'avait introduit dans la pensée hellénistique, mais ne lui avait pas révélé l'essence de cette conception. Quelques années plus tard, cet acquis fut une véritable révélation préfigurant sa future métanoîa. "A 6000 pieds par-delà l'homme et le temps. Je parcourais ce jour-là les bords du lac de Silvaplana ; non loin de Sulei je fis halte au pied d'un gigantesque roc dressé en forme de pyramide. Ce fut alors que l'idée me vint."[3]

Cette transformation profonde va se concrétiser dans les phrases remarquables du Zarathoustra : "Tout se brise, tout est assemblé de nouveau, éternellement se bâtit la maison de l'être."[4] "Vois, disent les animaux de Zarathoustra, " nous savons ce que tu enseignes : que toutes les choses reviennent éternellement et nous-mêmes avec elles et que nous avons déjà été là une éternité de fois et toutes les choses avec nous."[5]

Loin d'être une idée neutre, la révélation de l'éternel retour se trouve être en opposition complète avec le christianisme. L'épitre aux Hébreux 9:25-26 répond à cette doctrine par des phrases sans ambiguïtés. "Christ

---

[1] A.P. Z., Livre de proche, Paris 1974, 1er Partie, De la vertu qui prodigue, 2, p. 103.

[2] Héraclite, fragment H. 49 a.

[3] E.H., Collection, 10/18, Paris 1987, A.P. Z., I, p. 106.

[4] A.P. Z., Op. cit., 3° partie, Le convalescent, p. 312.

[5] Ibid., p. 316.

n'est pas entré (dans le sanctuaire) afin de s'offrir plusieurs fois comme le souverain sacrificateur entre chaque année dans le sanctuaire avec du sang étranger ; car alors le Christ aurait dû souffrir plusieurs fois depuis la fondation du monde. Mais maintenant, à la fin des siècles, il a paru une seule fois pour abolir le péché par son sacrifice."

Pour percevoir les implications de ce basculement de perspective, il convient que nous situions exactement la position du christianisme quant au temps et au salut. En effet, si Nietzsche se sépare radicalement de ce schéma, mettre en lumière le point de basculement, nous permettra de mieux comprendre la réorientation de sa pensée.

Dans le christianisme, Dieu est éternel et englobe "l'avant" et "l'après".

Isaïe écrit : "Ainsi parle l'Eternel, je suis le premier et je suis le dernier, en dehors de moi il n'y a point de Dieu..[1] L'Eternel étant la dénomination souveraine de Dieu, il ne meurt donc pas et l'on peut dire que Dieu EST de toute éternité. Dans la pensée hébraïque, il s'agit de l'Eternel, du Dieu Vivant." La meilleure référence biblique de l'éternité est : La présence souveraine, toujours actuelle, normative, fondatrice du temps des hommes par son intervention permanente, fondatrice de l'histoire du salut par ses interventions spécifiques... L'éternité est la plénitude substantielle de Dieu... Cette éternité de Dieu est donc essentiellement fondatrice du temps des hommes. Elle s'y manifeste par ses interventions historiques, imprévisibles parce que parfaitement libres."[2] Le temps ne peut donc exister sans l'acte qui le déploie et le fonde, sans l'éternité, sans l'Eternel. La succession visible du temps est donc une implication permanente de l'éternité. Le point important de cette conception théologique est que l'Eternel est celui qui créé le monde et donc le temps visible. Ce dernier est le fleuve dans lequel les destinées humaines se déroulent suivant un choix libre et parfait du Dieu créateur. C'est le temps du monde. Son déroulement du passé au futur est la preuve de l'existence de l'Eternel. Le temps du monde est qualitatif. Dieu pense le monde selon un tout harmonieux, un cosmos. Le temps est ainsi posé comme ce qui fonde "la mesure intérieure des mouvements

---

[1] Esaïe 44:6.

[2] J. Mouroux, Le mystère du temps, approche théologique, Aubier, 1962, p. 22-29.

cosmiques vers leur fin.".[1] (l) Mais le temps possède en plus une signification spirituelle. Il est depuis la création, le temps du SALUT. "Dieu n'a pas créé deux mondes, mais un seul ; pas deux temps, mais un seul : le temps du dessein éternel, qui est de créer pour sa gloire un peuple de fils en Jésus Christ." Le temps cosmique apparaît comme l'instrument employé par Dieu pour le salut total de l'humanité. Dans sa finalité linéaire, il est le temps salvifique intégré dans le temps cosmique. "La foi rattache à Dieu comme mesure de cheminement de l'existant créé... le temps du salut est donc inscrit dans cette perspective, tout en étant radicalement transcendant en tant qu'issu de la décision divine.".[2] C'est en ce sein que se déroule l'acte rédempteur unique. C'est l'éphapax du Christ, qui fait de lui l'hapax absolu. Comment concevoir, en effet, dans un tel déroulement, la répétition de cet acte salvateur ; "ce serait là une absurdité.".[3] Le christianisme ne peut être la religion de la répétition.

Nietzsche chrétien, vit par définition dans ce temps du salut "Près l'acte unique du Christ. La métanoîa chrétienne amène l'homme de l'incroyance à la foi. C'est à cet instant de conversion, un changement de sens du temps." Un changement de niveau temporel... une adhérence au Dieu transcendant et éternel.".[4] Ce retournement de l'être permet de s'élever à la dimension historique et transcendante du mystère christique. L'on conçoit l'implication fondamentale sur la connaissance individuelle, d'une telle découverte intérieure. De même que l'illumination menant à la foi chrétienne, Nietzsche va réaliser une métanoîa, le menant du temps chrétien au temps grec. Il est absolument évident, nous allons nous en rendre compte, qu'une telle révélation ne fait pas de lui un grec, mais qu'elle le place dans un monde temporel totalement différent.

Dans Ecce Homo, Nietzsche place la conception du temps et de l'éternel retour, au centre de son œuvre : "Je raconterai maintenant l'histoire de

---

[1] J. Mouroux, Op. cit., IV-2, Signification chrétienne du temps cosmique, p. 51.

[2] Ibid., p. 56.

[3] Ibid., p. 219.

[4] Ibid., p. 229.

Zarathoustra. L'idée fondamentale de l'œuvre, celle du Retour Perpétuel...".[1]

"Le matin j'allais vers le sud, sur la magnifique route de Zoagli, le long des pins, d'où je découvrais l'horizon lointain de la mer... c'est sur ces chemins que m'est venue l'idée de tout mon premier Zarathoustra... pour parler juste, elle m'assaillit et m'enleva par surprise."[2]

Cette réalisation subite, cet éclair intérieur déchirant sa conscience ne lui apporte pas une connaissance nouvelle. La conception grecque du retour éternel était déjà connue de Nietzsche. Ses recherches et ses collègues lui avaient déjà apporté les connaissances indispensables en ce domaine. C'est ici, au contraire, une véritable réalisation intérieure. "L'idée de révélation, écrit-il, si l'on entend par là l'apparition soudaine d'une chose qui se fait voir et entendre à quelqu'un avec une netteté et une précision, inexprimables, bouleversant tout chez un homme, le renversant jusqu'au tréfonds, cette révélation correspond à un fait exact... La pensée fulgure comme l'éclair, elle s'impose nécessairement sous une forme définitive ; je n'ai jamais eu à choisir... Telle eut mon expérience de l'inspiration."[3]

Nul doute que Saint Augustin voyant les cieux s'ouvrir devant ses yeux et contemplant les hiérarchies célestes, ne ressentit avec la même puissance l'impact de la révélation.

Pour Nietzsche, le dévoilement du retour éternel fut cette expérience qui lui ouvrit une nouvelle vie, lui entrouvrant le Portail menant au-delà du bien et du mal.

Mais nous voyons que cette expérience intérieure ne se produit pas ex nihilo. Ses connaissances, sa maturation, se sont faites sur son acquis hellénistique. Avant de cerner le basculement de Nietzsche par rapport au christianisme, il nous faut donc situer les conceptions grecques sur ce point.

---

[1] E.H., A.P. Z., I, p. 106.

[2] Ibid., p. 108.

[3] Ibid., III, p. 111.

Le temps grec

Les poètes, Homère et Hésiode acquirent par leur formation la capacité de déterminer les "origines". Le passé dévoilé devint la source de multiples généalogies. Le présent trouva alors son enracinement dans le passé et ce mouvement dévoila bien d'autres régions de l'être, d'autres niveaux normalement inaccessibles. Il convient toutefois de remarquer la présence de deux temps : Celui des dieux, allant dans le sens de l'ordre, et celui des hommes, orienté en sens inverse. Puis l'histoire mythique des individus et leurs incarnations successives se dévoilent "comme moyen d'atteindre la fin du temps, de mettre un terme au cycle des générations.".[1]

Pour J.P. Vernant, cela reflète tout un ordre de préoccupations et d'exigences nouvelles, étrangères à la poésie première. L'âme passe de la vie à la mort et de la mort à la vie, recommençant indéfiniment un même cycle d'épreuves. "L'âme oublieuse emportée par le cycle du devenir, tournant dans le cercle de la nécessité enchaînée à la roue de la fatalité et de la naissance.".[2]

Deux conceptions du temps se développent : Premièrement, le temps cosmologique et temporel qui est peu à peu considéré comme un cercle de souffrance dont il faut se délivrer.

Deuxièmement, le parcours de l'âme sur son cycle et qui cherche à s'en évader définitivement, à sortir du temps à jamais. Cela peut se traduire dans le sens pythagoricien où l'ascèse de la mémoire joue un rôle central, mais aussi dans la purification de l'être s'élevant à la contemplation du monde des idées. C'est là l'ensemble du courant platonicien. Le sage se dégageant du cycle cosmologique et "parvenant à l'intelligence du tout, sait qu'il n'y a, en vérité, pour les créatures mortelles, ni commencement, ni fin, mais seulement un cycle de métamorphoses. Ainsi selon la formule d'Alcméon de Crotone, "les hommes meurent parce qu'ils ne sont pas capables de joindre le commencement et la fin." Le temps cyclique n'a pas été transcendé et l'enchaînement est donc inéluctable.

---

[1] J.P. Vernant, Mythe et pensée chez les grecs, Maspéro, t. I, p. 89.
[2] Ibid., p. 91.

Selon les lamelles trouvées à Thurium, l'âme ayant payé le prix des actions injustes s'évade du triste cycle des douleurs. "Tu seras Dieu et non plus mortel... d'homme tu es devenu Dieu."[1]

Remarquons les multiples similitudes entre ces conceptions et la doctrine bouddhiste : cycle de souffrance, métempsychose, délivrance de la souffrance, élévation à un état d'éveil, de divinité.

L'anneau du retour

C'est dans la troisième partie du Zarathoustra que s'amorce cette révélation. D'ailleurs, c'est à ce moment que Zarathoustra décide de revenir vers sa montagne. Retour métaphorique certes, préfigurant la gestation nécessaire à la réalisation de ce mystère.

"Vois, cette rue et cette porte ! nain ! elle a deux faces. Deux chemins se réunissent ici ; personne ne les a encore suivis jusqu'au bout. Cette longue rue en arrière dure une éternité. Cette longue rue en avant dure une autre éternité."[2]

Des deux éternités situées de part et d'autre de la porte, Zarathoustra implique la succession des instants. "Ne faut-il pas que tout ce qui sait courir ait déjà suivi cette rue en courant ?"[3]

Cela est inévitable, quel que soit le système temporel choisi, le passé ayant été déjà parcouru. Mais la phrase suivante agrandit cette vision courante. "Ne faut-il pas que tout ce qui peut arriver (dans l'éternité en avant) soit déjà une fois arrivé (dans l'éternité passée)."[4]

Eugen Fink en déduit, qu'en pensant le passé et l'avenir comme deux éternités, il les faut penser l'un et l'autre comme un temps entier contenant tout le contenu temporel possible. Deux fois le temps entier est absurde et il résulte donc l'idée de l'éternel retour du pareil.

---

[1] J.P. Vernant, Op. cit., p. 92.

[2] A.P. Z., 2° partie, De la vision de l'énigme, p. 219.

[3] Ibid.

[4] Ibid.

27

Est-ce par l'absurde des deux éternités, que cette idée trouve réellement sa solution ?

Le problème mathématique de l'infini spatial, trouve ici son équivalence temporelle. Par rapport à un point d'origine donné, l'infini positif et l'infini négatif peuvent être ajoutés sans absurdité pour en faire un autre infini. Ne peut-il pas en être de même pour l'éternité passée et l'éternité future, et en faire l'éternité ? Le point d'opposition de l'instant ne peut pas vraiment être une opposition radicale, car "l'instant entraînant toutes les choses derrière lui, n'est que le point fugace parcourant une éternité qui lui est extérieure."

Si une opposition irréductible existait entre les deux, il serait impossible à l'instant de revenir éternellement.

L'intuition du retour de l'identique, va se révéler alors, vis-à-vis de la conception chrétienne.

"Dieu n'a pas créé deux temps, mais un seul, l'éternité."

Les deux temps ne sont donc pas opposés, mais se fondent sur un seul. Nous avons cependant pu voir que le temps chrétien linéaire était caractérisé par la création ex nihilo. Le temps est linéaire et l'hapax unique, le portail intangible est le Christ. Il y a une différence radicale entre le temps des hommes créé et l'éternité de Dieu essentiellement fondatrice. Le temps ne pouvait donc, dans cette conception, exister sans l'éternité qui lui reste transcendante.

Pour Nietzsche, "cette longue rue dure une éternité" ; l'union est faite entre l'espace et le temps." "C'est par cette indication dans laquelle la transcendance est déjà rejetée que l'éternel retour surgit au sein du temps humain. En effet si l'éternité n'est pas transcendante et qu'elle s'unit au cosmos, l'on peut dire que la forme de l'un influera sur l'autre. Or, pour les Grecs, la divinité était circulaire, sphérique. C'est là une vérité symbolique qui restera longtemps inscrite dans la pensée religieuse occidentale, même si la théologie établit une distinction très nette entre le temps liturgique, le temps humain et l'Eternel. Si, donc, le temps est un cercle aux yeux de Nietzsche, cet anneau nous fera donc revenir éternellement. La rupture est alors consommée avec le christianisme et Nietzsche a accompli sa métanoîa envers la pensée hellénique.

Dans cette pensée, point de création nécessaire, point de venue unique du Christ salvateur après la chute, point d'Eternel transcendant au temps humain ; seul le temps éternel en tant qu'éternel retour. L'histoire du salut est rejetée et sans elle, l'homme se retrouve soumis au temps.

Loin d'attaquer gratuitement le christianisme, Nietzsche va l'aborder par une dialectique tout à fait différente, nous pourrions dire, "en païen" et non pas exactement comme un grec ancien. Il peut ainsi écrire : "Quelle atmosphère morbide et entêtante s'exhale de ces discours enfiévrés au sujet de la rédemption, de la charité... de la foi, de la "vérité éternelle !" Prenez en regard un livre authentiquement païen, Pétrone par exemple, où rien n'est fait ou dit, ni voulu, ni estimé qui ne soit péché du point de vue de la bigoterie chrétienne, voire péché mortel. Et cependant quel sentiment de bien-être, d'air pur, quelle supériorité intellectuelle dans cette allure plus vive, dans cette force libérée, débordante, sûre de l'avenir !".[1]

Le paganisme a une vertu magique, celle de nous placer dans un temps et une pensée que le christianisme n'a pas encore pervertie. Cela nous permet de voir que "toute la doctrine chrétienne" orthodoxe, toute la soi-disant "vérité" chrétienne n'est qu'illusion et mensonge. Ce qui est chrétien au sens ecclésiastique est par essence anti-chrétien... Le vrai christianisme consisterait dans l'indifférence aux dogmes, au culte, aux prêtres, à l'église, à la théologie. La pratique chrétienne n'est pas une chimère, c'est un moyen d'être heureux."[2]

"Le christianisme est possible comme une forme d'existence extrêmement privée ; il lui faut un cénacle... La papauté elle-même n'a jamais été en état de faire une politique chrétienne et les réformateurs comme Luther, on sait qu'ils ont été des adeptes de Machiavel, tout comme le premier immoraliste ou le premier tyran venu."[3]

Nietzsche ne devient donc pas un païen au sens chrétien du terme, mais au contraire, il peut, par le basculement ontologique défini plus haut, quitter l'immoralisme du christianisme institutionnel pour se placer dans

---

[1] V.D.P. , T II, § 404, p. 185.

[2] Ibid., § 421, p. 192.

[3] Ibid., § 422.

ce qu'il appelle la pratique chrétienne. Ceci n'est rien d'autre que la vie païenne reconnaissant la vraie force et dans celle-ci l'origine réelle de la morale. La tâche de "voir et de montrer le problème de la morale".[1] peut alors être commencée, car c'est ici la tâche essentielle, la chose essentielle. Il faut de détacher de la "fausse monnaie".[2] en morale qui consiste à prétendre savoir ce que sont le Bien et le Mal. C'est prétendre savoir pourquoi l'homme existe, connaître sa fin, sa destination. C'est prétendre savoir que l'homme a une fin, une destination. "Car les moralistes ont tenu pour sacrée et vraie la morale respectée par le peuple... et aucun moraliste n'a osé en examiner l'origine : elle touchait à Dieu et à ses messagers."[3] Nietzsche situe donc le problème de la morale en son origine même, sur la route où aucun moraliste n'a osé s'aventurer, celle qui va par-delà l'Eternel, par-delà le créateur. Cette tâche ne peut être celle d'un immoraliste car, écrit Nietzsche, "La critique de la morale est un degré élevé de moralité."[4]

---

[1] Ibid., § 231, p. 115.

[2] V.D.P. , t. II, § 236, p. 116.

[3] Ibid., § 234, p. 115.

[4] Ibid., § 227, p. 115.

L'ANTECHRIST

L'origine du culte religieux

Etant libéré des structures de pensée traditionnelles, Nietzsche peut maintenant percevoir les fondations véritables de l'édifice religieux. Trouver la source de ce dernier, permettra de cerner l'histoire de la morale et de s'avancer au plus profond de l'obscurité baignant l'ensemble de ces faux sentiments.

Dans Humain trop humain, Nietzsche interprète l'origine du culte religieux comme une réaction psychologique de l'homme vis-à-vis de la terre. Ainsi, toute causalité naturelle est absente de cette dernière et il n'existe aucune nécessité pour quoi que ce soit dans la nature. Tous les actes de la vie, sont un rapport magique avec les phénomènes visibles." L'idée de déroulement naturel manque entièrement. La nature toute entière est dans l'imagination des hommes religieux une somme d'actions d'êtres doués de conscience et de volonté, un immense et complexe réseau d'actes arbitraires... L'homme est la règle, la nature l'absence de règle.".[1]

La loi et la tradition forment donc la trame fixe et sûre, au sein de "l'empire de la liberté et de l'arbitraire." Celui-ci contraignant l'homme par sa nature même, va lui apparaître comme une divinité supérieure. Les phénomènes devant être contrôlés, pour la survivance de l'homme, il sera nécessaire d'imposer une loi à la nature. Il faudra donc gagner la faveur des dieux et esprits, par des supplications et des prières. Il conviendra ensuite de s'engager réciproquement l'un envers l'autre, par l'alliance. Fondé sur des idées de magie, le culte primitif "impose un déterminisme qui n'est pas le sien à la nature."[2] Mais, comme le souligne Nietzche, cela ne suppose pas l'avilissement de l'homme, tout au contraire. Dans la religion grecque les dieux de l'Olympe et les hommes

---

[1] H.T.H., Folio essais, 1987, III, La v1° religieuse, 111, p. 123.

[2] Ibid., Op. cit., III, 111, p. 126.

sont d'une seule et même lignée : "C'est ce qu'il y a de grand dans la religiosité grecque.".[1] L'origine de la religion est une réaction psychologique de l'individu face au milieu naturel dans lequel il se trouve. La transcendance d'un ou de Plusieurs êtres idéaux n'existe pas. En effet, les esprits ou dieux habitant les choses sont présents ici-bas, parmi nous et peuvent être consultés et éventuellement commandés. L'homme n'a donc pas encore établi cette dichotomie entre l'esprit et le corps, et le culte religieux garde sa naïveté païenne.

En 1888, Nietzsche reprend ce thème de l'origine de la religion. L'homme de l'âge naïf a expliqué les phénomènes de colère, de sensations, etc., à l'aide d'entités psychologiques personnifiées. Le christianisme a ramené l'espérance, le calme, le sentiment de la rédemption à une inspiration psychologique venue de Dieu.".[2] Toute passion, toute entrave à la liberté est prétexte à inventer des puissances surhumaines. "On concrétise un état dans une personne et l'on affirme que cet état quand il se produit en nous est dû à l'action de cette personne.".[3]

L'homme ne peut se reconnaître à l'origine des faits psychologiques fondamentaux et postule des dieux. Il peut encore moins se croire l'origine de la sensation de puissance qui le submerge soudainement et il postule une personnalité plus forte, un dieu. "La religion est un cas d'altération de la personnalité, un sentiment de crainte et de terreur de soi-même.".[4] Dans ce cas, la volonté de nous couper de nos propres passions est particulièrement nette. Le dieu devient celui qui incarne ce que nous ne pouvons accepter en nous. Mais ce dieu est imaginaire. "Rien que des causes imaginaires (dieu, âme, moi, esprit), rien que des effets imaginaires (Péché, rédemption, grâce), un commerce entre des êtres imaginaires... une science naturelle imaginaire... une psychologie imaginaire... une téléologie imaginaire.".[5]

---

[1] Ibid., p. 127.

[2] V.D.P. , Vol. I, § 323, p. 153.

[3] Ibid.

[4] Ibid., p. 154.

[5] A.C., § 15, p. 24.

Pour Nietzsche, le développement de la religion s'est fait à partir de l'homme, de ses désirs et pulsions. Le peuple grec avait créé des dieux dont il était le prolongement. Il n'y avait pas de coupure entre ces deux états, les défauts et caractéristiques de l'humanité se retrouvant chez les olympiens. Nul idéalisme au sein de cet échange. La statue du dieu était honorée et encensée. Que ce dieu ne réponde pas aux demandes des fidèles et sa statue était rouée de coups. L'homme était alors en communication avec le dieu. L'ensemble des cultes précédant le christianisme, correspondait à cette structure d'immanence de la divinité. C'est là ce que Nietzsche voyait de grand dans la religiosité.

Mais au sein de ces peuples il y eut la sortie d'Egypte. Un peuple s'éleva, guidé par un Dieu unique. Les tables lui furent remises et avec elles le fondement de cette dépravation qui allait devenir le christianisme.

Génération du Christianisme

Ainsi "la réalité sur laquelle le christianisme a pu s'édifier était la petite famille juive de la diaspora, avec sa chaleur et sa tendresse, avec ce goût de l'entr'aide, de l'appui mutuel, inconnu et peut-être incompris dans tout l'empire romain, avec son orgueil humble et secret de communauté élue."[1]

Le peuple élu vivait dans ce microcosme dans lequel les vertus étaient fixées et considérait le monde par rapport à eux. Ils étaient le point de référence et le paganisme, œuvre de perdition, les entourait. Le souffle de l'esprit ne pouvait donc que les habiter et la connaissance être le fait de leur sagesse ancestrale.

Or, "le génie de Paul" a été "d'avoir reconnu qu'il y avait là une puissance et d'avoir conçu cet état de béatitude comme communicable... contagieux pour des païens... Ce qu'il trouva était cette sorte de petites gens vivant à l'écart de la politique et du monde."[2]

---

[1] V.D.P. , t. I, § 373, p. 173.

[2] Ibid.

Cette contamination à l'idéal évangélique ne fut donc qu'une extension de la diaspora au bas-fond de la société de cette époque. "Mais la prêtrise juive avait su présenter comme un ordre divin, comme l'obéissance à une loi divine, tout ce qu'elle revendiquait pour elle-même.".[1] C'est là ce qui pouvait créer une certaine noblesse de nature chez des êtres qui n'hésitaient pas à se servir de leurs pouvoirs pour parvenir à leurs fins. Le prêtre juif était l'homme fort qui pouvait faire respecter les lois, châtier et même récompenser. L'on conçoit que sur le plan purement psychologique, c'est là une attitude de maître et non d'esclave. Or "l'évolution s'est poursuivie à l'intérieur du judaïsme.".[2] Il s'agissait de nouveau de "faire triompher une certaine qualité d'âme ; c'était comme une révolte populaire à l'intérieur d'un peuple sacerdotal un mouvement piétiste venu d'en bas.".[3]

Le christianisme naît donc au sein du judaïsme, parmi les populations les plus faibles et défavorisées. Il est aisé de voir le parallélisme entre ce mouvement et une révolution comme celle de 1789. Nietzsche souligne que dans les deux cas, il s'agit d'une remise en cause des valeurs établies par une minorité. Dans le cas du christianisme, il s'agit de tenter de fausser non plus l'histoire d'Israël, mais de "fausser toute l'histoire de l'humanité." Ainsi, la révolution française apparaissait comme la fondatrice indispensable d'une société juste et humaine, car procédant de l'homme. Ici le christianisme se donne comme l'événement capital, mais substitue un Homme-Dieu à la foule fondatrice. Il ne d'agit part de fonder une nouvelle société, mais de justifier une nouvelle vision du monde par un fait religieux totalement détourné de sa signification propre. Ce fait fut Jésus-Christ.

---

[1] Ibid., § 379, p. 175.

[2] Ibid.

[3] Ibid.

Jésus et le Christianisme

"Qu'est-ce que le Christ a nié ? Tout ce qui porte à présent le nom de chrétien.".[1] Nietzsche fait une totale distinction entre Jésus et ce qui est devenu le christianisme. Il n'y a pour lui aucune continuité personnelle entre les deux. "Jésus s'adresse directement à la réalité intérieure.".[2] Jésus combat tout ce qui est extérieur, les grossières formules qui règlent le commerce avec Dieu, les doctrines d'expiation et de rédemption. "Le royaume des cieux est un changement du cœur chez l'individu.".[3] Il ne peut donc être une promesse temporisable. Jésus commande tout ce qu'il faut faire pour "que la béatitude ne soit pas une promesse future.".[4] Elle est présente dès que l'on vit et agit de telle et telle manière. Jésus montre donc une autre façon d'être et d'agir et non un type de croyance."

La vie exemplaire consiste dans l'amour et l'humilité ; dans l'abondance du cœur qui n'est pas refusée au plus humble, dans le renoncement formel à la revendication d'un droit propre à la défensive, à la victoire, dans la croyance à la béatitude sur terre, malgré la misère, l'adversité et la mort ; dans l'esprit de conciliation, l'absence de colère et de mépris ; ne pas vouloir de récompense ; ne s'obliger envers personne : l'indépendance la plus immatérielle et la plus ecclésiastique ; une vie très fière qui a choisi d'être une vie de pauvreté et de service.".[5]

Le christianisme est donc avant tout, non pas une croyance, "mais un autre mode d'être.".[6] Ce "joyeux messager" mourut comme il vécut, comme il enseigna-non pour "racheter les hommes" mais pour montrer comment il faut vivre..[7] Ce qu'il légua à l'humanité, c'est la pratique. Jésus est donc important par ce qu'il montra concrètement. Or l'on voulut en faire un génie ou un héros." "S'il est une chose étrangère aux évangiles,

---

[1] V.D.P. , t. I, § 357, p. 168.

[2] Ibid., § 360, p. 169.

[3] Ibid., § 362, p. 362.

[4] Ibid., § 363, p. 170.

[5] Ibid., § 366, p. 170.

[6] A.C., § 39, p. 60.

[7] Ibid., § 35, p. 55.

c'est bien la notion de héros." "La promesse future, la vraie vie, la vie éternelle est trouvée : elle est en nous.".[1]

Jésus est donc cet homme qui incarne totalement la vie exemplaire, qui ne promet rien, mais qui montre avant toute chose, comment vivre dans l'amour sans réticence ni exclusive, sans distance. Sa pratique est la conséquence de son être et tout ce qui n'est pas lutte s'est mué en un profond instinct : "L'incapacité de résister est devenue morale.".[2] Cette réaction profonde du Christ par rapport à sa vie ne peut donc être le fait d'un génie ou d'un héros. Trop éloigné de ces hommes, il ne peut-être, écrit Nietzsche, "qu'un idiot" au sens physiologique. C'est la caractéristique d'un état "d'irritabilité morbide du toucher, la haine d'instinct pour toute réalité et la fuite dans l'insaisissable.".[3]

La tradition évangélique montre un Jésus un peu différent de l'image qu'en donne Nietzsche. Mais nous ne pouvons pas tirer avec précision une réalité historique des Evangiles. "Comment peut-on, d'une façon générale, dit-il, appeler tradition historique les légendes des saints !".[4] L'exégèse ne peut rien nous apporter et c'est pourquoi Nietzsche dresse un tel portrait de Jésus.

Cependant gardons-nous bien d'assimiler Jésus et le christianisme. Le mot est déjà lui-même un malentendu. "Au fond, il n'y avait qu'un chrétien et celui-là mourut sur la croix.".[5]

"Les chrétiens ont fait comme les juifs ; ils ont mis sur les lèvres de leur maître ce qui leur semblait à la fois nécessaire à leur existence et neuf ; ils ont imprégné sa vie... toute la doctrine des "miracles" y compris la résurrection, résulte de cette habitude de communauté qui pensait se glorifier en attribuant à son maître, mais portait à un plus haut degré, les vertus qu'elle s'attribuait à elle-même.".[6]

---

[1] Ibid., § 29, p. 46.

[2] Ibid.

[3] Ibid., p. 47.

[4] Cité par Karl Jaspers in op. cit., p. 31.

[5] A.C., § 39, p. 60.

[6] V.D.P. , t. I, § 368, p. 171.

Le christianisme va utiliser "l'enveloppe" du Jésus historique pour en faire un fils de Dieu, puis Dieu lui-tête. L'ensemble de ses actes pourra, alors, être interprété en ce sens. Les gloses diverses rajoutées sur sa vie deviendront des règles, des codes, pour prendre enfin la forme de pensée de la communauté juive de l'époque. "Heureux les faibles et les affligés" prêcha celui qui secouait la poussière de ses pieds devant les villes peu accueillantes et jetait les marchanda hors du temple. "Ne pratiquez part, mais croyez que Jésus est l'exemple parfait, l'exemple divin." L'incarnation du christianisme que Nietzsche avait pu ressentir très justement depuis des jeunes années, disparaissait au profit d'un idéal moral et immatériel.

Pour "l'idiot", la pratique était très proche de ce que Nietzsche appellera, le sens de la terre, vivre, tout en essayant de parvenir à cette paix intérieure qui ne coupe part des réalités objectives.

"La pratique chrétienne, une vie comme la vécut celui qui mourut sur la croix, cela seul est chrétien... Pareille vie aujourd'hui reste possible et pour certains nécessaire : le christianisme authentique, le christianisme primitif sera possible à n'importe quelle époque.".[1]

Un tel christianisme n'a besoin d'aucune métaphysique. Cette règle de vie donnée par Jésus est résumée ainsi par Nietzsche :

"L'homme qui de nos jours dirait : "Je ne veux pas être soldat -je ne me soucie pas des tribunaux- je ne fais pas appel aux services de la police, je ne veux rien faire qui puisse troubler ma paix intérieure ; et s'il faut en souffrir, rien ne me conservera mieux la paix, que de souffrir", celui-là seul serait un chrétien.".[2]

La falsification

Le processus historique du christianisme est, comme le fait remarquer très justement Karl Jaspers, tout à fait détaché du personnage de Jésus. "Ce qu'il a réellement été n'a en somme rien à faire avec le processus

---

[1] A.C., § 369, p. 60.
[2] V.D.P. , t. I, § 369, p. 171.

historique.".[1] "Il fallait la mort, cette mort inattendue et ignominieuse, il fallait la croix, laquelle était généralement réservée à la seule canaille.".[2] Cherchant le responsable de sa mort l'on découvrit le judaïsme. On se sentit en rébellion contre l'ordre, et on considéra Jésus, après coup en rébellion contre l'ordre. Nietzsche pensait qu'il s'agissait pour Jésus de donner publiquement, à travers sa mort, la preuve de son enseignement. Sa fuite exalta le sentiment de "vengeance" chez les apôtres et le ressentiment donna naissance au Dieu unique et au fils unique de Dieu, produits l'un et l'autre du ressentiment.

Paul est mis au premier plan des accusés dans la falsification du christianisme de Jésus ou plus exactement dans l'adaptation de ce personnage à la plèbe de cette époque. A la "bonne nouvelle" succéda sur le champ la plus mauvaise de toutes, celle de Paul. Il se "fabrique une histoire du christianisme. Mieux encore : il falsifia derechef l'histoire d'Israël pour qu'elle se présente comme la préhistoire de son acte : tous les prophètes ont annoncé son "rédempteur.".[3] Le point fondamental fut "le mensonge du Christ ressuscité.".[4] Son besoin était le pouvoir. Ainsi prit forme le christianisme procédant, non de Jésus, mais de Paul."

Vivre de telle sorte que vivre n'a plus aucun sens, cela va devenir le "sens" de la vie.".[5] Le christianisme s'est forgé, avec le ressentiment des masses, son arme principale contre nous, contre tout ce qu'il y a de distingué, de joyeux... Il a annihilé le "courage d'un pathos de la distance". Il a voulu établir l'égalité des âmes. Or, c'est justement là ce qui est tout à fait contraire à l'état naturel. "Les hommes, dit Nietzsche, sont foncièrement différents, tout à fait inégaux" et ce n'est que de cette manière qu'un équilibre peut être instauré.[6] Il faut remarquer l'accord dur ce point entre Nietzche et Platon. Etablir l'égalité des âmes, comme

---

[1] Karl Jaspers, Op. cit., p. 24.

[2] A.C., § 40, p. 62.

[3] A.C., § 42, p. 66.

[4] Ibid.

[5] A.C., § 43, p. 67-68.

[6] A.C., § 57, p. 100.

le fait le christianisme, ne pourra se traduire en toute révolution que par "le sang et le crime."

"Le christianisme est une insurrection de ce qui rampe contre ce qui a de la hauteur : l'Evangile "des petits" rend bas.".[1] Les enseignements et idéaux imprégnèrent totalement l'histoire, modifiant ce qui peut faire la richesse de la vie. Les idéaux évangéliques, de mauvaises nouvelles donc, enseignèrent l'aide aux faibles et aux affligés, la prétention pour les petits de se hausser au niveau d'un homme de haut rang. L'ensemble de cette histoire n'est, aux yeux de Nietzsche, que la conséquence de la déviation originelle. Il rappelle l'inestimable mot de Paul : "Ce qu'il y a de faible dans le monde, ce qu'il y a de fou dans le monde, ce qui est sans naissance et ce qui est méprisé dans le monde, voilà ce que Dieu a choisi.".[2] "Dieu crucifié, est-ce qu'on ne comprend toujours pas l'effroyable duplicité de ce symbole ? Tout ce qui souffre, tout ce qui est crucifié est divin." Nietzsche peut alors écrire que personne ne peut choisir de devenir chrétien : "on n'est pas "converti" au christianisme il ne faut qu'être assez malade.".[3]

C'est sur ce fond de morbidité que se dévoile l'exemple séduisant des martyrs. Déduire, en effet, comme le décrète tous les idiots, qu'une cause pour laquelle un homme accepte la mort doit bien avoir quelque chose pour elle, voilà quelque chose d'absolument intenable pour ce qui est de la vérité de l'esprit d'examen et de prudence. "Est-ce que la croix serait un argument ? Le sang est le plus mauvais témoin de la vérité.".[4]

Le prêtre

La génération de cette religion dépend de deux principes. Dans le premier, nous avons vu qu'il "n'est pas une réaction contre l'instinct juif", mais "la cohérence même de sa progression."

---

[1] A.C., § 43, p. 68.

[2] A.C., § 51, p. 85.

[3] A.C., § 51, p. 84.

[4] A.C., § 53, p. 88.

Dans le second, nous remarquons le choix fondamental fait par ce peuple. "Confrontés au problème de l'être et du non-être, ils ont, avec une lucidité parfaitement troublante, choisi l'être à tout prix... Ils firent de soi une antithèse des conditions naturelles. Ils ont successivement perverti et de façon irrémédiable, la religion, le culte, la morale, l'histoire, la psychologie, ils en ont fait le démenti de leur valeur naturelle.".[1]

Ce que Nietzsche observa, dans cette dynamique naissante, ce fut le rôle déterminant des prêtres. Ils furent ceux qui guidèrent et orientèrent le mouvement de cette nouvelle pensée. Cerner leurs motivations et leurs actions, nous permet de voir l'aspect sous-jacent de ce courant issu du judaïsme. Le christianisme n'est qu'une forme encore plus dérivée du judaïsme, "la tchandala" du judaïsme.

Le pharisaïsme "condition de la vertu dégénérée" forme en même temps la caste la plus haute, la caste sacerdotale.".[2] Pour la première fois les termes opposés pur et impur servent à distinguer deux classes sociales. "L'homme pur originellement était l'homme qui se lavait, qui se tenait à l'écart des diverses souillures, rien de plus, presque rien de plus.".[3] "Les habitudes hostiles à l'action se dont installées, le portant, tantôt à la rumination, tantôt aux explosions de sentiments.".[4] Les remèdes qu'ils ont inventés sont, en effet, cent fois plus dangereux que la maladie dont il devait les délivrer. "Chez le prêtre, tout devient en effet plus dangereux.".[5] Dans la vision de Nietzsche, la place du prêtre ici relevée, mérite notre attention à plusieurs points de vue. Premièrement dans sa dimension anecdotique, car il est vrai que c'est sur lui que rejaillit toute la force du verbe Nietzschéen. Il n'y a souvent pas de mots assez durs pour faire ressentir la fausseté, la malignité et la vilenie de ces hommes.

Deuxièmement, quant à sa pensée, c'est le point où l'on peut cerner de manière relativement claire ce basculement menant de la religion ancienne, à la nouvelle forme qu'elle vient de prendre. Le prêtre est donc

---

[1] A.C., § 24, p. 36.

[2] Par-delà bien et mal, Gallimard, 1979, Maximes et interludes, §135, p. 90.

[3] La généalog1° de la morale, « Bon et méchant, » « Bon et mauvais », §6, p. 229.

[4] Ibid., p. 230.

[5] Ibid.

l'image visible de ce qui est véritablement à l'œuvre dans l'homme et qui va réorganiser la morale.

Dans *Par-delà bien et mal*, c'est la caste sacerdotale qui est remise en cause, avec l'apparition des nouvelles habitudes de pureté et d'impureté. Dans *Ainsi parlait Zarathoustra*, Nietzsche ménage considérablement cette caste. Certains sont pour lui des héros mais beaucoup ont trop souffert. Ils sont devenus des prisonniers, jetés aux fers par leur sauveur. Ces cadavres croient posséder la seule passerelle. Ils sont ceux qui ont honte face au ciel pur. Cependant, Nietzsche dit que "son sang est apparenté au leur, bien qu'il soit délivré de ces fausses visions."[1] Ce qui le coupe d'eux est cette déconsidération de leur propre état, cette volonté de se voiler des hommes et du ciel. "J'aimerais les voir tout nus car seule la beauté devrait avoir le droit de prêcher la pénitence."[2]

Dans *L'antéchrist*, le prêtre se trouve à l'articulation du devenir chrétien. Il "est celui qui a inventé le péché, notion de faute et de punition, toute la "moralité de l'ordre universel." Par cette souffrance créée, il aura besoin du prêtre à tout instant. Ainsi règne-t-il par l'invention du péché.[3]

Le deuxième point important est que "le prêtre ment."[4] En effet, "toutes les questions suprêmes sont toutes au-delà de la raison humaine... l'homme ne peut connaître ce qui est bien ou mal, aussi Dieu lui enseigne sa volonté."[5] Le prêtre ne peut mentir, puisqu'il ne décide pas du vrai et du faux. Il est le porte-voix de Dieu. Ce syllogisme de prêtre signifie : "je ne dis pas la vérité, mais je la montre, elle est là."

Mensonge de prêtre, invention du péché, coupure de la terre et du ciel, installation de nouvelles habitudes contraires au corps, autant de points qui ne ferait du prêtre qu'un vulgaire plébéien. Mais il est devenu l'incarnation d'un système d'idées qui fut capable de détruire l'ancien monde dionysiaque. Si cela a été possible c'est par le fait que "les plus

---

[1] A.P. Z., 2° partie, Des prêtres, p. 122.

[2] Ibid., p. 124.

[3] A.C., § 49, p. 81.

[4] Ibid., § 55, p. 94.

[5] Ibid., p. 93.

grands haineux de l'histoire ont toujours été des prêtres.".¹ Ils sont les plus méchants, écrit Nietzsche, "et c'est dans cette méchanceté que va naître leur force." "Ils sont les plus méchants car ils sont les plus impuissants... Les juifs, peuple sacerdotal, renversèrent totalement les valeurs par un acte de vengeance spirituelle pure.".² La falsification de la notion de Dieu, la falsification de la notion de morale... mais la plus grande falsification a été qu'ils ont traduit en religieux, leur propre passé de peuple, en en faisant un mécanisme de salut³. "L'Église fut secondée par les philosophes accréditant le mensonge de la moralité de l'ordre universel. Cette dernière signifierait que la valeur d'un peuple ou d'un individu se mesure à sa plus ou moins grande obéissance à la volonté de Dieu.".⁴ La réalité est qu'une espèce d'hommes parasites prospère aux dépens des fortes saines de la vie, abusant du nom de Dieu. "La grande époque de l'histoire d'Israël devint aux mains des prêtres juifs une époque de déchéance. Les périodes de calamité devinrent une peine éternelle. Plus important encore, ils ont réduit la psychologie des événements à la formule d'idiot : "obéissance ou désobéissance à Dieu." Ainsi la morale juive et chrétienne est l'innocence retirée au hasard ;" le malheur souillé par la notion de "péché" ; le bien-être considéré comme un danger, "une séduction" ; le malaise physiologique empoisonné avec le vers de la conscience.

Le prêtre "veut parvenir à passer pour le type supérieur de l'humanité" à régner sur tous, à être "la puissance la plus forte de la communauté, impossible à remplacer ou à sous-estimer.".⁵

Les moyens que se donne le prêtre sont résumés ainsi par Nietzsche :

"1° Lui seul sait, lui seul est vertueux, lui seul a la suprême maîtrise de soi.

---

¹ G.F.L.M., première dissertation, § 7, p. 231.

² Ibid.

³ A.C., § 26, p. 40.

⁴ Ibid.

⁵ V.D.P. , t. I, § 345, p. 161.

2° La vérité existe et la seule possibilité d'y accéder est le prêtre. Tout ce qui est bon remonte au prêtre qui est la source du Bien."

La conséquence est que "si le prêtre est le type supérieur, il faut que la gradation qui mène à ses vertus soit la gradation même des valeurs humaines."[1] "Le prêtre a enseigné une seule morale afin d'être considéré lui-même comme l'homme supérieur."[2] Car il "aspire à l'autorité suprême, mais pour parvenir à ce degré de puissance, à dépasser ceux-là même qui détiennent la puissance matérielle et l'autorité. Il faut détenir une force supérieure et plus efficace : Dieu."[3]

Le prêtre est indispensable et il est l'acteur de "quelque drame surhumain auquel ils doivent donner l'évidence concrète, que ce soit celle des idéals, celle des dieux, ou celle des rédempteurs."[4]

Le prêtre est cette forme d'homme capable de s'imposer au-dessus de toute l'humanité et de créer un joug totalement imaginaire lui assurant une totale emprise sur la vie des hommes.

Le prêtre se situe donc à ce point de passage obligé, entre la nouvelle conscience qui se créée et l'ancienne moralité que Nietzsche va révéler. Le point essentiel sur lequel il met l'accent est que les idéaux religieux ne sont pas révélés. Nulle transcendance dans ces degrés de moralité, seule une élaboration "Le secret où se fabriquent les idéaux terrestres... cette officine où l'on fabrique des idéaux, il me paraît qu'elle pue le mensonge."[5]

Au travers de son langage volontairement brutal, Nietzsche révèle ce que sa vision en tant que nouveau païen, lui a permis de découvrir. Une catégorie d'hommes vient de créer artificiellement un ensemble nouveau d'idéaux. Dans la continuation du courant platonicien, de la perspective judaïque, le prêtre va déformer l'homme lui-même. Ainsi ce dernier sera assujetti d'une conscience et d'un esprit transcendant. Tout à fait à

---

[1] Ibid.

[2] Ibid.

[3] Ibid., § 347, p. 163.

[4] Ibid., § 349, p. 164.

[5] G.D.L.M., Première dissertation, § 14, p. 243.

l'extérieur de lui et du monde, le Dieu unique peut édicter les règles, n'étant lui-même soumis à aucune des contingences terrestres.

Ce n'est donc pas, à ce stade, la personne divine qui pose un problème, mais plutôt cette élaboration verticale dans laquelle l'homme se trouve être l'aboutissement d'un être désincarné. Il n'est pas pour l'instant nécessaire de chercher à savoir si Dieu est mort, mais de montrer que les créateurs de cette verticalité ont menti et pourquoi ils l'ont fait.

Au travers des textes qui ont précédés, nous avons pu voir ce sentiment diffus poussant à dire que le mensonge était à la clef. Cette pulsion de base, Nietzsche la désigne fort explicitement dans la Généalogie de la morale. "Dante avait mis au-dessus du portail de l'enfer l'inscription suivante : "Moi aussi c'est l'amour éternel qui m'a créé." Il aurait fallu marquer : "Moi aussi c'est la haine éternelle qui m'a créé.".[1] Lies prêtres sont donc cette catégorie d'hommes, forts Parce que méchants, haineux et impuissants. Ce n'est donc pas l'amour éternel mais la haine éternelle qui est à l'origine de la transcendance. L'idéalisme, garant de la religion, de la morale et de la pensée se trouve être l'émanation de la faiblesse terrestre. "Les Romains étaient les forts et les nobles... les Juifs étaient au contraire ce peuple sacerdotal du ressentiment par excellence, doué d'un génie sans pareil pour la morale populaire.".[2] "La haine juive est ce creuset d'où est sorti ce nouvel amour, non pas comme une négation de la soif de vengeance, mais comme une couronne apposée sur son front glorieux. Ce Jésus de Nazareth fut le rédempteur, séduisant sous "sa forme la plus inquiétante et la plus irrésistible." Le "Dieu mis en croix" apparaît comme le mystère d'une inimaginable, ultime, extrême cruauté.".[3] Ce renversement de toutes les valeurs par Israël a triomphé jusqu'à présent de tout idéal plus noble. "Ce poison répandu dans l'Église par les prêtres, pénétra les esclaves, la plèbe, le troupeau."

"La morale de l'homme du commun a triomphé.".[4]

---

[1] Ibid., § 15, p. 245.

[2] Ibid. § 16, p. 247.

[3] Ibid., § 8, p. 232.

[4] Ibid., § 9, p. 234.

Ressentiment et esclaves

Ce soulèvement de l'homme du commun commence, lorsque le ressentiment devient lui-même créateur et engendre des valeurs. "La morale aristocratique, écrit Nietzsche, vient d'un oui triomphal à soi-même, alors que la morale des esclaves est un non à un "dehors", à un "autre", un différent de soi-même.".[1] Ce non est son acte créateur. La nécessité qui pousse à se tourner vers le dehors plutôt que vers soi-même, cela relève justement du ressentiment. La découverte de Nietzsche dans le domaine de la psychologie, est que le ressentiment suscité par l'impuissance, sous l'action de la volonté de puissance peut devenir créateur, engendrer des valeurs et des idéaux. Ici "l'instinct de ressentiment devenu génial a inventé un autre monde.".[2] Dire oui à la vie, c'était le mal. En effet, la volonté de puissance se traduisant, comme Nietzsche le montre, par la volonté de faire souffrir, va ici s'intérioriser. La loi fondamentale de l'ancienne psychologie était que seule la douleur peut aider la mémoire à conserver un souvenir. Ainsi il fallait des supplices, des martyrs et des sacrifices. Plus l'humanité a eu mauvaise mémoire, plus ses coutumes ont pris un aspect horrible..[3] "Dans l'histoire humaine, dit Nietzsche, on punissait en fait par colère, du fait du dommage subi en cherchant un équivalent, serait-ce par une douleur infligée à son auteur. On établissait un tel rapport en substituant à l'avantage une sorte de satisfaction accordée au créancier, de pouvoir exercer sans retenue sa puissance sur un impuissant ;".[4] faire le mal pour le plaisir de le faire. La compensation représente donc une invitation et un droit à la cruauté. "Car faire souffrir donnait un très grand plaisir, une extraordinaire jouissance.".[5] La cruauté était la grande réjouissance de l'humanité ancienne. C'était le temps dans lequel l'humanité n'avait pas honte de sa cruauté. "Le ciel au-dessus des hommes s'est toujours obscurci à mesure que grandissait la honte de l'homme devant

---

[1] Ibid. § 10, p. 234.

[2] Cité par Karl Jaspers in op. cit., p. 41.

[3] G.D.L.M., Deuxième dissertation, § 3, p. 255.

[4] Ibid., La faute, la mauvaise conscience, § 5 , p. 258.

[5] Ibid., § 6, p. 258.

45

l'homme."[1] Mais pour l'homme naïf des temps anciens, il n'y avait pas de souffrances absurdes et il fallut donc inventer des dieux et des intermédiaires qui se réjouissaient du spectacle des horreurs tragiques.

Pour Nietzsche, c'est à ce point que l'on peut situer l'origine du sentiment de faute de l'obligation personnelle. Il s'agit du rapport entre acheteur et Vendeur, créancier et débiteur, qui revient à dire que toute chose a son prix et sa compensation. La société s'installant dans une paix durable, les instincts furent dévalués, "hors d'usage." Les satisfactions que leur nature d'hommes violents leur offrait, avaient disparu ; il leur fallut donc se tourner vers le dedans, chercher des satisfactions nouvelles et en quelque sorte souterraines. "Tous les instincts qui ne se libérèrent pas vers l'extérieur se retournèrent vers le dedans."[2] C'est ce que Nietzsche appelle l'intériorisation de l'homme, l'âme. Tous les instincts se retournèrent contre l'homme, créant la mauvaise conscience.

L'inversion radicale que révèle Nietzsche est celle d'un regard se perdant dans les miroirs de l'illusion. La force et la jouissance, la volonté de puissance, forment l'élément primordial de l'être humain. Cette source jaillissante s'écoulant librement, n'était que plaisir alors que l'âme n'existait pas. Or, le miroir des lois se plaça entre l'homme et la nature. La Volonté de puissance s'intériorisa, créant un point focal, l'âme. Le plus vertueux devenait alors celui qui s'intériorisait le plus, qui se rattachait le mieux à ce centre imaginaire qu'était l'âme. Par ce jeu de perspective, celui qui s'intériorise le plus, n'est-il pas celui-là même qui est le plus haineux ? La sainteté devint l'apanage de la cruauté et l'on comprend alors l'aboutissement des remarques précédentes de Nietzsche dans lesquelles les hommes les plus cruels sont les prêtres, en fait, la classe sacerdotale elle-même. Beaucoup de critiques remarquent que c'est là un exemple centré sur les créatures les plus mauvaises de l'histoire chrétienne. Il faut tout de même remarquer la permanence pendant des siècles d'une pensée utilisant la violence pour extirper le mal !

---

[1] Ibid., § 7, p. 260.
[2] Ibid., § 16, p. 276.

"La volonté de puissance est la conseillère profonde des peuples et des races. C'est elle qui les met sur la voie des vertus par lesquelles ils seront forts, deviendront grands, uniques.".[1] Chaque homme est habité Par cette puissance qui le pousse à se dépasser et qui va l'amener à s'introduire dans deux catégories bien différentes. Il y a les maîtres et les esclaves. Bien que la volonté de puissance s'exprime en tous deux, Nietzsche va montrer la différence radicale qui existe. L'on pourrait être tenté de croire que l'homme né esclave, plébéien va pouvoir, à force de dépassement, s'élever jusqu'au rang de maître et devenir un être pur. De nombreux passages de Zarathoustra accentue cette interprétation. Ainsi :

"L'homme est quelque chose qui doit-être surmonté.".[2]

"L'homme est une corde tendue entre l'animal et le surhomme.".[3]

"Notre chemin est un chemin qui monte de l'espèce à la surespèce... Notre esprit est image d'une élévation.".[4]

Le mouvement souligné est bien celui d'une élévation continue au-delà de lui-même. Il faut cependant bien différencier l'homme nietzschéen, futur surhomme, de l'esclave plébéien. En effet, si tous deux sont bien "l'homme fauve" d'où a été extrait "l'animal apprivoisé et civilisé, domestique en somme, leur mouvement opposé ne peut que totalement les différencier.".[5] Ces porteurs d'abaissement et de vengeance, ces descendants de tous les esclaves d'Europe et d'ailleurs représentent le recul de l'humanité. Les deux regards tournés vers une destination opposée vont développer une conception différente de la morale et de la religion. Poussé par la même force, chacun d'eux se considère fort. Pour Nietzsche, il y a donc, de fait, deux natures : les oiseaux de proie et les agneaux.

---

[1] Pierre Lasserre, La morale de Nietzsche, Calman-Lévy, Paris, 1923, p. 60.

[2] A.P. Z., 1° partie, Prologue, § 3, p. 7.

[3] Ibid., § 3, p. 10.

[4] Ibid., De la vertu qui prodigue, § 1, p. 102.

[5] G.D.M., Bon et méchant, Bon et mauvais, § 11, p. 239.

"Que les agneaux en veuillent aux oiseaux de proie, voilà qui ne surprend personne." Les agneaux en viendront à dire : "Ces oiseaux de proie sont méchants ;" c'est leur façon d'ériger un idéal. De leur côté, les oiseaux de proie regarderont tout cela d'un œil moqueur et diront peut-être : nous ne leur en voulons pas du tout, nous les aimons même : rien n'est plus savoureux qu'un tendre agneau... Exiger de la force qu'elle ne se manifeste pas comme force... c'est aussi absurde qu'exiger de la faiblesse de se manifester comme une force.".[1] Ainsi chacun s'engage dans sa voie, le regard tourné vers l'autre, le puissant vers le faible et inversement. Le parallélisme pourrait être total, chacun renvoyant l'image de l'autre, le fort se trompant tout autant que le faible. Mais, et c'est là la différence, le fort n'a que faire de mentir et sa vérité sera contenue dans sa situation.

"Les faibles, par contre, couvant secrètement la haine et la vengeance, finissent par soutenir avec plus d'ardeur que tout autre, la croyance que le fort est libre d'être faible et l'oiseau de proie, d'être un agneau. Ainsi acquièrent-ils le droit d'imputer à l'oiseau de proie le fait d'être un oiseau de proie.".[2] or, nul n'est libre de choisir sa nature, alors que chaque homme, nous venons de le voir, peut se dépasser. Si le maître est maître, l'esclave devrait le considérer en tant que tel afin que l'équilibre soit restauré. Il en est ainsi de la société médiévale. Le seigneur habitant le château vit de ce que lui procurent les paysans et les serfs. A charge pour lui, de protéger leur vie et leurs biens par don rôle de maître guerrier. Que les serfs commencent à mettre en cause la nature du seigneur et la société va s'écrouler, tout plébéien n'étant pas apte à prendre le contrôle et la défense des autres. On peut rappeler sur ce point le cas de la révolution française. Nietzsche la considéra bien comme une révolte de la plèbe déséquilibrant la société. L'inversion radicale se produit alors, par le renversement des valeurs.

"Soyons différents des méchants" disent-ils, "Soyons bons. Et bons sont ceux qui ne font pas violence, qui ne blessent personne, qui ne commettent pas d'agression et n'usent part de représailles... qui laissent la vengeance à Dieu, qui comme nous restent dans l'ombre, qui évitent

---

[1] Ibid., § 13, p. 241.
[2] Ibid., § 13, p. 242.

toute espèce de mal, et qui d'une façon générale demandent peu à la vie, ainsi que nous le faisons, nous les humbles, les justes. "Cette duperie de soi, le propre de l'impuissance a pris l'apparence pompeuse de la vertu de renoncement, de silence, de patience... Comme si cette faiblesse était un acte délibéré, quelque chose de voulu, un exploit, un mérite.".[1]

Cette espèce d'homme a besoin de croire à un sujet, libre de choisir. Ainsi, s'il est libre d'être fort ou faible comme il l'est, il ne peut le rester que parce qu'il le désire. Son apparente humilité est alors sa plus grande force et la non-résistance, la patience, l'ensemble des qualités définies, ne peuvent être que des vertus. Le sujet, l'âme, est dit Nietzsche, "le meilleur article de foi qui soit au monde, permettant à la grande majorité des mortels, aux faibles et aux opprimés de se tromper eux-mêmes par ce mensonge sublime qui interprète la faiblesse comme liberté.".[2]

Cette sagesse élémentaire anime même les insectes "qui font les morts, pour ne rien faire "de trop" en cas de danger et ne disent qu'une chose : "Nous les faibles, noua sommes décidemment faibles ; il est bon que nous ne fassions aucune chose pour laquelle nous ne sommes pas assez forts.".[3]

Ainsi, la seule chose que veulent les esclaves est de convaincre le monde que : dans leur grandeur, les maîtres sont vils et que dans leur avilissement les esclaves sont grands, que les apparences mentent, que l'ensemble du visible n'est que le reflet d'un ordre invisible parfait sur lequel il convient de se référer.

"Le mensonge sacré a donc inventé :

1°Un Dieu qui châtie et qui récompense, avalisant le code des prêtres.

2°Un au-delà où la grande machine à châtier fonctionne à plein.

3°La conscience dans l'homme comme le sentiment que le bien et le mal sont fixes, que Dieu lui-même parle par la voix des prêtres.

---

[1] Ibid., § 13, p. 242.

[2] Ibid., p. 243.

[3] Ibid., p. 242.

4°La morale négation du courant naturel des choses, réduction de tous les faits à des faits moralement déterminés.

5°La vérité comme donnée révélée... condition de bonheur et de salut dans cette vie et dans l'autre.".[1]

Ces cinq mensonges forment les structures profondes de l'élaboration religieuse et morale du christianisme, religion des esclaves. La réduction de l'homme à cette demi-capacité, au type de l'homme "bon", coïncide pour les esprits pervertis de l'Eglise, à l'humanisation elle-même. "La principale exigence est ici que l'homme ne fasse pas de mal ; qu'il ne nuise ou ne semble nuire à aucun prix.".[2] Le moyen en est l'amputation de toute possibilité de haine et la sanctification comme idéal moral le plus élevé, la victoire sur les désirs. C'est là ce que Nietzsche appelle "l'émasculation de l'homme.".[3]

"Tout ce qui provient de la faiblesse, du dégoût de soi et de la débilité de l'âme est sans valeur, même s'il s'exprime par le mépris le plus total des biens terrestres... Le regard d'un prêtre, sa pâleur distante, nuisent à la vie plus que tout son dévouement ne la sert ; cette façon de se retirer à l'écart calomnie la vie.".[4]

Ceci montre bien la morbidité de ce christianisme qui s'est donné pour tâche l'égalité dans la société et formé cet idéal factice dans lequel chaque dégénéré peut laisser libre cours à sa volonté de puissance, retournée contre lui, par, impuissance. Cette religion des faibles et des opprimés n'est que le reflet d'une maladie languissante. Le christianisme, dégénérescence de l'antiquité, n'a pas fait que former une religion pour les esclaves. Elle a inversé les valeurs naturelles et tenté de faire croire que le monde entier était bâti sur ce principe. Depuis 2000 ans, le Dieu unique règne sur une multitude "qui, foulée au pied, se recoquille... La morale est l'arme masquée des impotents. Trois forces sont cachées derrière elle : 1) L'instinct de troupeau, dirigé contre les forts et les

---

[1] V.D.P. , t. I, § 346, p. 163.

[2] Ibid., § 227, p. 129.

[3] Ibid., § 278, p. 130.

[4] Ibid., § 352, p. 165.

indépendants. 2) L'instinct du déshérité, dirigé contre les heureux. 3) L'instinct du médiocre, dirigé contre les exceptions.".[1] Nietzsche dévoilant cet édifice ne pouvait que découvrir la pauvreté de cette religion annihilant le génie des peuples créatifs. Les vigoureuses ' races de l'Europe du Nord' "n'ont" depuis, créé plus aucun dieu. Bientôt deux millénaires et pas un seul nouveau dieu !".[2] N'est-ce pas là, la preuve de la décadence d'une religion ? Comme il l'écrit : "Deus qualem Paulus creavit, dei negatio.".[3]

Une fois ce système établi, la norme morale déterminée suivant un critère divin et l'autorité placée entre les mains des prêtres, l'être humain ne pouvait que se soumettre à cette pression dégradante. Elle engendrait enduite une succession dégénérée d'êtres faibles et avilis. Or, Nietzsche comme Zarathoustra, doit descendre dans la vallée et apporter le message du surhumain. Sa philosophie va alors devenir celle du marteau et de la foudre, celle de la force. Il est le Premier né qui va devoir briser les anciennes tables. Un seul système Philosophique n'est pas possible au sein de cette pensée. Il doit briser ce qui a été établi, transvaluer toutes les valeurs, pour mettre en valeur de manière extrême ce qui a été voilé et découvrir l'extraordinaire perspective ouverte à la destinée de l'homme. Il lui faut passer au-delà du Bien et du mal, même si le passage obligé est la mort de Dieu.

---

[1] Cité par Gusta5° Thibon in Nietzsche ou le déclin de l'esprit, Lardanchet, 1948, p. 197.
[2] A.C., § 19, p. 29.
[3] Ibid., § 47, p. 77.

LES TABLES BRISEES

Idéalisme et métaphysique

Dans le prologue de Zarathoustra, Nietzsche découvre son désir ou plus exactement, la lassitude de sa sagesse cherchant "les mains qui se tendent."

"Bénis ce calice prêt à déborder, que l'eau s'en écoule dorée et qu'elle porte partout le reflet de ton allégresse. Vois, ce calice aspire à se vider.".[1]

Nietzsche vient de découvrir, pour lui-même, cette transvaluation de toutes les valeurs ; il a accompli sa métanoîa. Cependant sa lassitude le pousse à redescendre vers les hommes et à briser ce qui est faux, pour leur découvrir le nouvel homme. Il faut écrire Ainsi parlait Zarathoustra, "un livre pour tous et pour personne." Comme l'écrit Eugen Fink, "ce que Nietzsche combat avec tant de passion sous le couvert du christianisme, c'est d'abord une métaphysique, une évaluation... Le christianisme représente l'évaluation de la métaphysique... Il combat le christianisme finalement parce qu'il est un platonisme pour le peuple... La religion, la morale et la métaphysique sont pour lui dans un rapport intime."[2] "L'âme, l'être, interprété métaphysiquement est assimilé à la catégorie de l'idéal et la relation de l'existant à l'Etre est structurée selon des principes moraux." Ainsi, le terme d'idéalisme résume à lui seul l'ensemble de la tradition métaphysique ; Nietzsche s'attaque "à la catégorie même de l'idéal."[3]

On s'aperçoit que la critique nietzschéenne de l'idéalisme, n'est en fait que la reprise moins polémique et plus philosophique de la critique du christianisme. L'une est superposée à l'autre et toutes deux concourent au même but. L'idéalisme admet en effet l'être comme pur Idéal, négation de l'immanence sensible. Les valeurs sont hiérarchisées, selon

---

[1] A.P. Z., 1° partie, Prologue de Zarathoustra, § 1, p. 4.

[2] E. Fink in op. cit., p. 175-176

[3] Jean Granier, Le problème de la vérité dans la philosoph1° de Nietzsche, Editions du Seuil, Paris, 1966, p. 53.

l'opposition spatiale des deux mondes : L'ici-bas et l'au-delà..[1] Cette antinomie n'est pas nouvelle, puisqu'elle remonte au temps du mythe. Les valeurs sont définies en fonction de cette dualité primordiale. "La tâche de la philosophie sera donc de dissocier ce qui participe de l'idéal et ce qui participe du sensible.".[2] Ce dernier sera dégradé à une pure apparence illusoire, alors que l'idéal suprasensible absorbera l'être. La croyance à l'Etre deviendra la pierre angulaire de l'édifice métaphysique ? Celle-ci détruite, les philosophes pourront reformuler la philosophie toute entière. L'Etre en soi disparaissant, c'est l'ensemble du mythe philosophique qui s'écroule. L'opposition n'est plus alors un enjeu simplement religieux, mais proprement philosophique.

En effet, "si la métaphysique se subordonne toujours, sous le couvert d'un grand appareil de raisons, à un credo religieux, c'est donc parce que le même type d'homme est intéressé à défendre la croyance en un Dieu moral et à construire l'idéalisme métaphysique.".[3] Une telle croyance a été démontrée par Nietzche dans le chapitre précédent. Le besoin d'un maître absolu, être aimable et véridique ; ce besoin chez les idéalistes, est un besoin religieux et moral né dans des âmes d'esclaves. Ces derniers ont eu besoin du mythe religieux et les philosophes, nouveaux esclaves, ont eu la nécessité vitale d'organiser le monde selon la raison, en fait selon le système platonicien du sensible et de l'idéal. "Dieu va assumer selon la métaphysique, les fonctions de garant ontologique suprême.".[4]

Un mythe se structure de la même manière que les premiers mythes se sont construits. Sous l'action de la volonté de puissance, un fait unique est amplifié, déformé et arrangé pour devenir le réceptacle pouvant répondre à une multitude de questions. La singularité de l'expérience se trouve pourvue d'une pluralité de langages. La structure du monde s'est établie par la religion et la philosophie. Une anthropologie aberrante s'est ensuite apposée sur cette cosmogonie. L'idéalisme a réduit l'homme à la pensée pure, en élevant la conscience à l'absolu. "Cette conscience est

---

[1] Ibid., I,1, § 5, p. 56.

[2] Ibid.

[3] Ibid., I,1, § 8, p. 69.

[4] Ibid., p. 70.

alors définie comme substance sui generis, l'âme, dont la valeur ontologique est éminente, tandis que le corps principe ontologique inférieur, n'est plus que l'enveloppe contingente de cette âme.".[1] Ainsi, pour la métaphysique, il y a identification entre l'essence de l'homme et la réalité de l'âme. Le mythe philosophique a troué sa structure de base et c'est sur elle que l'ensemble de la pensée idéaliste peut s'élaborer. Une dialectique sophistique peut jongler fort doctement avec ces notions, il n'en restera pas moins vrai que les prémisses en seront l'émanation d'une pensée maladive, désireuse de masquer sa douleur par un anesthésique. Le ciel s'est ainsi trouvé pourvu de l'énorme araignée raison. Inutile alors d'utiliser une quelconque réfutation spéculative. Il suffit de retracer la "genèse historique concrète démasquant l'origine immanente de tous les contenus transcendantaux.".[2]

J. Granier remarque qu'il faut opérer un déplacement du centre de la discussion. Au lieu de discuter sur l'existence, il faut maintenant situer le débat au niveau d'une critique de la valeur. Cela va permettre de retourner la preuve ontologique cartésienne en appréciant la valeur de l'idée de Dieu et non plus sa vérité ou sa fausseté. L'argumentation nietzschéenne met en cause le point clef de l'idéalisme. De la même manière que pour le mythe, le problème de sa vérité ou fausseté ne doit pas se trouver posé. Seule compte la valeur attribuée à une telle narration. Or, et c'est là l'argumentation nietzschéenne, si l'analyse généalogique nous montre la structuration progressive de l'idée de Dieu, sa valeur usurpée nous apparaîtra. C'est là ce que montre Nietzsche, par l'intermédiaire de la religion et par l'identification qu'il fait, entre l'idéal et Dieu. "La religion est une altération de la personnalité... Le chrétien divise sa personnalité en une fiction mesquine et faible qu'il appelle l'homme, et une autre qu'il appelle Dieu (le rédempteur, le sauveur.)".[3]

Cette mise en question radicale de la métaphysique et de l'idéalisme ne doit pas toutefois être regardée comme statique. En effet, la métaphysique a une histoire qu'ont foulée les esprits et que fouleront

---

[1] J. Granier in op. cit., p. 126.

[2] Ibid., p. 201.

[3] V.D.P. , t. I, § 324, p. 154.

encore d'autres pensées. Cette histoire a toujours voulu escamoter le devenir de l'être. Le devenir était ce qui s'écoule, forme mouvante et instable, à laquelle on ne peut se fier. L'être, au contraire, est le point constant, immobile et intemporel, l'hapax christique dont nous parlions dans le deuxième chapitre. "L'être est séparé du temps. Imposture dans laquelle le devenir est regardé comme négatif.".[1] L'habitude de cette structure de pensée est telle, qu'il nous est parfois difficile de nous en extraire, pour apprécier et mettre à sa juste place la nouvelle perspective nietzschéenne. Le "ciel hasard".[2] invoqué par Nietzsche, va remplacer cette immobilité mensongère. C'est le retour de la notion grecque de kaîros. "Le vent ayant tourné il est temps de faire tomber la voile.".[3] C'est la vision de la porte par Zarathoustra, qui nous découvre la force du paganisme dans ce qu'il a de plus vivant. La valeur est instant éphémère, pluralité et non singularité transcendante.

Des diverses mutations de Dieu

Combien célèbre est devenue la phrase de Zarathoustra descendant de la montagne : "Serait-il donc possible ! Ce vieux Saint dans sa forêt, il ne l'a donc pas appris que Dieu est mort ?".[4]

Premier pas vers le nihilisme, la mort de Dieu frappe les esprits surpris de ce nouvel avènement. Mais cette mort implique-t-elle nécessairement la disparition et la malfaisance des dieux ?

C'est Zarathoustra qui dit : "Je suis l'avocat de Dieu auprès du diable. Et il trouvera aussi le petit Dieu, le préféré des jeunes filles : Il est couché à côté de la fontaine, en silence, les yeux fermés.".[5] Une différence importante est ici instaurée, entre le Dieu unique que va combattre Nietzsche et le polythéisme traditionnel."

---

[1] E. Fink, op. cit., p. 179.

[2] Pindare.

[3] Pindare.

[4] A.P. Z., Prologue, § 2, p. 7.

[5] A.P. Z., 2° partie, Le chant de la danse, p. 147-148.

Il y a bien longtemps que c'en est fini des vieux dieux : et en vérité, ils eurent une bonne fin de dieux, pleine de joie ! Ils n'ont pas décliné en un long crépuscule jusqu'à la mort, c'est le mensonge que l'on raconte ! Bien au contraire : Ils se sont complètement tués de rire.

Cela arriva lorsque le mot le plus impie vint d'un dieu lui-même le mot : "Il est un Dieu ! Tu n'auras pas d'autre Dieu à part moi !" Un vieux dieu à la barbe rageuse, un jaloux, s'oublia ainsi.

Et tous les dieux rirent alors en vacillant sur leurs chaises et ils s'écrièrent : "N'est-ce pas cela, la divinité, qu'il y ait des dieux, mais part un Dieu ? "Que celui qui a des oreilles entende.".[1]

Le christianisme a longtemps entretenu la vision de sa Prééminence sur les anciens dieux. Sa propagation politique et sa prolifération maladive a conduit à dire que ces divinités avaient perdu peu à peu leurs couleurs devant la clarté de la vérité du Dieu Un, souverain et juste. L'idéalisme, vérité reconnu de tous, écartait les ténèbres de la pensée ancienne, fixant, par les tables révélées, la hiérarchie des valeurs. Transcendantes, ces dernières n'étaient plus le résultat aléatoire d'une quelconque destinée humaine. Un tel équilibre garantissait l'existence du Dieu unique car tout devenait dépendant de tout. Or Nietzsche nous dit : "Ils n'ont pas décliné un long crépuscule, ils se sont simplement tués de rire.".[2]

"La réfutation de Dieu ; au fond, seul le Dieu moral est réfuté.".[3]

Les dieux ne sont morts que du fait de l'adoption d'un dieu unique, d'un dieu moral et c'est celui-ci qui est constamment réfuté par Nietzsche. Il est bien plus qu'une puissance religieuse, il est une ontologie déterminée qui se manifeste en même temps comme une morale hostile à la vie. "L'idée de Dieu est le vampire de la vie.".[4] En tant que tel il se devait de disparaître et celui qui va parler de sa disparition sera le "dernier pape." Il ne recherche pas l'athée, mais paradoxalement "le plus pieux de tous

---

[1] Ibid., 3° partie, Des renégats, p. 256-257.

[2] Ibid.

[3] V.D.P. , t. II, § 483, p. 150.

[4] E. Fink, op. cit., p. 185.

ceux qui ne croient pas en dieu.".[1] Zarathoustra est le Sans-Dieu, à qui le dernier pape explique ce qu'il advint du Dieu qu'il servait."

C'était un dieu caché, plein de choses cachées. En vérité, même son fils, ce n'est que par des voies tortueuses qu'il l'a eu. A la porte de sa foi se tient l'adultère... Quand il était jeune, ce dieu de l'orient, il était dur et vindicatif et il s'est construit un enfer pour le plaisir de ses favoris.".[2]

A ce stade, ce dieu correspondait très bien à ce que Nietzsche pouvait demander comme exemple. "Rendez œil pour œil et dent pour dent." "Je suis l'Eternel qui fait le bien et le mal, la lumière et les ténèbres.".[3] La Bible, l'Ancien Testament, est le reflet de ce que Nietzsche apprécie : un dieu fort, victorieux qui n'hésite pas à recourir à la cruauté physique, aux meurtres, lorsqu'il s'agit d'implanter son exemple. C'est là le fond de ce qui faisait la richesse de ce dieu oriental. Ceci explique que Nietzsche caractérise la bible, comme le meilleur livre qui n'ai jamais été écrit. Tout le reste des révélations et commandements n'est que pharisaïsme et complots cléricaux, pour structurer une force à l'état brut. La moralité est, à ce stade, le reflet de la lutte du peuple hébreu pour s'implanter sous la conduite de ce dieu. Le cléricalisme n'a pas pu encore modifier les esprits, car la force est le reflet des actions et des conquêtes des tribus israélites. Mais, "Dieu devint vieux et mou et blet et pitoyable... Il était là, assis, fatigué du monde, fatigué de vouloir, s'étouffant un beau jour de sa trop grande compassion.".[4]

Ce qui a fait sa perte est sa transformation d'El Shadaï en l'Eternel et enfin en Notre Père, le Bon Dieu. Mutation avilissante, reflet de la décadence d'une religion s'adressant primordialement à un peuple qui se croyait élu et qui redescend au niveau de la plèbe, où tous sont égaux devant ce dieu. Lui, "voyait avec des yeux qui voyaient tout, voyait les profondeurs et les fonds des hommes, toute leur ignominie et toute leur laideur. Sa pitié ne connaissait pas la honte : il se faufilait jusque dans

---

[1] A.P. Z., 4° partie, Hors Service, p. 367.

[2] Ibid., p. 369.

[3] Isaïe 30:27.

[4] A.P. Z., Ibid., p. 369.

mes recoins les plus malpropres. Ce curieux d'entre les curieux, ce sur-importun, ce sur-compatissant, il lui fallait mourir."[1]

Sa mort était une nécessité. Elle était contenue dans la formulation même de sa divinité. Les dieux grecs étaient limités, étaient sujets aux passions. Le dieu chrétien devint plus qu'un dieu, c'est-à-dire moins qu'une divinité. Il devint l'envers de l'humanité, l'exemple extrême de la décadence. A travers cette perspective, Nietzsche illustre ce qu'il a déjà exposé à propos de l'idéal. L'identification entre ce dernier et Dieu a permis de dégager la généalogie de la morale et de montrer que l'histoire du christianisme est le corollaire de la décadence de l'esprit. Ainsi, s'il veut retrouver sa vérité, il doit se dégager de ce faux dieu, jadis orgueilleux, aujourd'hui mort.

"J'appelle véridique, celui qui s'en va dans les déserts d'où dieu est absent et qui a brisé son cœur vénérateur."[2] "Vous dites que vous croyez en Zarathoustra. Mais qu'importe Zarathoustra ? Vous êtes mes croyants !

Vous ne vous étiez pas encore cherchés : alors vous m'avez trouvé... Maintenant, je vous ordonne de me perdre et de vous trouver."[3]

Ce que Zarathoustra veut faire comprendre c'est qu'il est capital que l'homme quitte sa foi et sa croyance pour fouler du pied le désert sans dieu. Ce sera là, nous le verrons, le début de l'ascèse nietzschéenne.

Mais il faut tout d'abord remarquer l'ambiguïté entretenue au sujet des dieux. Si Nietzsche s'est ouvert à la conception paganisme, il devrait en être de même sur ce point particulier. Il est tout à fait normal dans sa perspective de déclarer la mort de ce dieu unique. Dieu est pour lui une "conjecture." En effet, "pouvez-vous penser un dieu ?" Est-il possible et pensable de créer une divinité ?" Créer, voici la grande délivrance de la souffrance, voilà ce qui rend la vie légère."[4] C'est ce qui fait dire à Zarathoustra : "S'il existe des dieux, collent supporterais-je de ne pas être un Dieu ? Donc, il n'existe pas de dieu. Telle est la conclusion que j'ai

---

[1] Ibid., 2° partie, L'être humain le plus laid, p. 377.

[2] Ibid., 2° partie, Des sages illustres, p. 141.

[3] Ibid., 1° partie, De la vertu qui prodigue, § 3, p. 106.

[4] Ibid., 2° partie, Sur les îles bienheureuses, p. 113-114.

tirée, or, c'est elle maintenant qui me tire.".[1] Cette remarque faite à l'occasion de la volonté de créer est l'image ponctuelle de l'être qui n'a pas encore réussi à quitter dieu pour libérer sa volonté de puissance lui permettant de devenir un créateur. Or, le vieux pape, dans la fête de l'âne, déclare que "la mort n'est jamais chez les dieux qu'un préjugé.".[2]

Dieu disparaissant dans le Zarathoustra, n'exécuta pas la divinité dans la pensée de Nietzsche. Elle lui découvre seulement une nouvelle place, reflet de la pensée libérée du dieu araignée. C'est cette approche caractéristique qui lui permettra d'écrire : "Il trouvera aussi le petit dieu, le préféré des jeunes filles : il est couché à côté de la fontaine, en silence, les yeux fermés.".[3]

Dans le Gai Savoir, Nietzsche écrit "qu'il est infiniment plus important de connaître le nom des choses que de savoir ce qu'elles sont." Il ne suffit pas de montrer ce voile nébuleux de l'illusion pour détruire le monde qui passe pour essentiel ; ce n'est qu'en créant que nous pouvons l'anéantir ! ...".[4]

La négation de toutes choses passe par la création de nouvelles, plus exactement, par la formulation de celles-ci. La pure négation, l'anéantissement, conduisait l'être vers un retournement de la volonté de puissance, identique à celui des faibles. La constatation de la mort de dieu pourrait alors rejoindre le ressentiment plébéien et élever en idéal cette fausse découverte. Car affirmer la mort de Dieu serait aussi dangereux que de l'affirmer vivant. Il faut donc prendre conscience, que la liberté est issue de la création. Le paragraphe de l'origine de la poésie, donne une indication importante sur l'orientation de la pensée de Nietzsche. Le rythme a une utilité superstitieuse. On cherchait à contraindre les dieux, à leur faire violence par le rythme : "La poésie fut un lacet magique qu'on leur padda autour du cou. Le rythme, la fête devenait un contact avec le dieu. L'on pouvait donc, soit le charmer, soit apaiser sa férocité comme dans les cultes orgiaques. "Les chants

---

[1] Ibid.

[2] A.P. Z., 4° partie, p. 447.

[3] Ibid., Le chant de la danse, 2° partie, p. 148.

[4] G.S., Livre II, § 58, p. 96-97.

magiques et les incantations semblent avoir été les formes primitives de la poésie.".[1]

Avec la poésie et le rythme tout était possible : "activer magiquement le travail, obliger un dieu à naître, à s'approcher, à écouter... sans le vers on n'était rien, avec lui on devenait presque un dieu.".[2]

Nietzsche révèle ici la possibilité d'une création. Par l'intermédiaire du rythme, l'homme peut créer une divinité. Il était aidé de croire que les dieux, à l'instar du Dieu unique, étaient faux, inutiles et dangereux. La création du dieu chrétien a été expliqué par la critique qu'en a fait Nietzsche. Sa négation entraînait la négation de tous les panthéons. Or Nietzche admet "la plus grande utilité du polythéisme.".[3] Ceux qui définissaient leur propre idéal, pour en déduire les lois, plaisirs et droits se réfugiaient derrière les termes : "ce n'est pas moi ! Ce n'est pas moi ! mais un dieu qui agit en moi !", qu'écrit Nietzsche la force merveilleuse, l'art étonnant de créer des dieux, le polythéisme, qui permit à cet instinct de se décharger, de se purifier, se perfectionner, s'ennoblir... Combattre cet instinct dont l'idéal personnel fut jadis la loi de toute morale." La liberté morale et religieuse de l'homme était donc maintenue, alors que la force de création pouvait être utilisée comme garantie. "Il n'y avait qu'un modèle, mais, au-dessus et en dehors de soi, dans le lointain d'un monde supérieur, on avait le droit de voir un grand nombre de modèles : Nul dieu n'était la négation, le blasphème de l'autre.".[4]

Cette invention permit une justification de "l'égoïsme et de la souveraineté de l'individu.".[5] Tout ce qui était créé et attribué au dieu était en fait le reflet de soi-même vis à vis des lois et des mœurs. Le monothéisme, a, pour sa part, tué cet élan vital qui faisait la force de ces peuples. La morale unique s'est introduite à la suite du dieu normal, effaçant les horizons et les perspectives éternels. Et pourtant combien de nouveaux dieux sont encore possibles ! Moi-même chez qui l'instinct

---

[1] Ibid., Livre II, § 84, p. 119-120.

[2] Ibid., Livre II, § 84, p. 119-120.

[3] Ibid., Livre III, § 143, p. 178.

[4] Ibid.

[5] Ibid.

religieux, c'est-à-dire créateur de dieux, s'agite Parfois mal à propos, de quelles façons diverses j'ai eu chaque fois la révélation du divin.".[1]

L'instinct religieux non décadent est donc cette dynamique vigoureuse Permettant de créer des dieux. Nietzsche montre ici la solution à une décadence de l'esprit entraînée par la croyance en un dieu, un nihilisme effréné ou une pluralité. Bien Qu'établissant une hiérarchie parmi ces trois formes, aucune d'entre elles ne donne entière satisfaction ; la volonté de puissance étant dans chaque cas annihilé. Nous ne pouvons-nous empêcher de créer des dieux et il faut donc que nous le fassions. Car le dieu peut être d'argile, il nous suffit de le créer pour qu'il devienne dieu. Par conséquent, créons sans appréhension. La pluralité des divinités nous permettra de justifier nos pulsions purement humaines. Ainsi firent les races anciennes, dans le dynamisme de leur jeunesse. Cependant, s'il est nécessaire d'être créateur de dieux, il faut bien se garder de perdre de vue leur généalogie. Les dieux ne sont dieux, que parce que l'homme les créent tels. Leur divinité dure, autant que l'adoration et la volonté de l'homme le décide. Si ce n'est plus le cas, le dieu peut disparaître. Si l'adoration est totalement aveugle, le dieu deviendra ce dieu unique, s'imposant par sa morale et sa valeur.

En ce sens Nietzsche peut être qualifié de polythéiste, mais de polythéiste lucide, conscient que ces multiples formes ne sont que la création vivante et nécessaire de la volonté humaine. Nous pouvons alors, saisir pleinement le sens et la valeur de la fête de l'âne du quatrième livre de Zarathoustra.

A son interrogation, le vieux pape répond qu'il vaut "mieux adorer Dieu sous cette apparence-là que sous aucune. Plus loin le consciencieux déclare : "Peut-être n'ai-je pas le droit de croire en ce dieu : mais ce qui est certain, c'est que c'est sous cette forme que Dieu me paraît encore le plus crédible.".[2] La dernière réponse des hôtes de Zarathoustra reflète l'ensemble de la fête lorsqu'ils déclarent : "Nous ne voulons pas du tout

---

[1] V.D.P., t. 1, § 580, p. 379.

[2] A.P. Z., 4° partie, La fête de l'âne, § 1, p. 447.

le royaume des cieux : nous sommes devenus des hommes, aussi voulons-nous le royaume de la terre.".[1] (2)

Il faut ainsi de "nouvelles fêtes." Le culte de l'âme reflète donc cette soif d'adoration de l'homme. Sa vision brisée et nouvelle, lui permet de créer le dieu à sa mesure et de ne pas fuir vers des horizons infinis et imaginaires. Le trompeur est devenu homme et les morales multiples pourront s'établir.

Les textes caractérisant dieu lui-même, sont assez rares. Dans le paragraphe Dionysos philosophe, Nietzsche écrit à ce sujet :

"Eloignons nous du concept de Dieu la bonté suprême ; elle est indigne d'un Dieu. Eloignons-en de même la suprême sagesse ; c'est la vanité des philosophes qui a imaginé cette absurdité, un dieu qui serait un monstre de sagesse : ils voulaient qu'il leur ressemblât le plus possible. Non Dieu est la Puissance suprême : cela suffit ! De là résulte toute chose, de là résulte... le monde.".[2]

Le seul dieu que Nietzsche peut accepter est donc une force incorporelle qui est à l'origine de toute chose, à l'origine du monde lui-même. Il faut cependant se garder de le considérer comme un être vivant, comme une machine. Il est au contraire un chaos éternel, non du fait de l'absence d'une nécessité, mais du fait d'une absence d'ordre, d'enchaînement de forme, de beauté, de sagesse, bref de toute esthétique humaine.".[3] "L'univers ne possède pas d'instincts du tout et ignore toute loi. Quand vous saurez qu'il n'est point de fins, vous saurez également qu'il n'est point de hasard : car c'est uniquement au regard d'un monde de fins que le mot de hasard a un sens.".[4] Il faut cesser d'être obscurcis par les ombres de dieu et il convient de "dé diviniser" la nature. L'on chercha dieu dans un ciel transcendant, puis dans la nature, enfin dans un quelconque empyrée. Dieu ne doit être perçu qu'à travers une force animatrice et originelle totalement libre et dépourvue de structures ou

---

[1] Ibid., § 2, p. 449.

[2] V.D.P. , t. II, § 625, p. 387.

[3] G.S., Livre III, § 109, p. 149-150.

[4] Ibid., p. 151.

de volontés particulières. Elle est la puissance suprême. Une telle formulation n'est pas sans rappeler certains courants de la tradition hellénistique. Ainsi le *Corpus hermeticum* :

"Puissances qui êtes en moi, chantez l'un et le tout ; chantez à l'unisson de mon vouloir, vous toutes, Puissances qui êtes en moi ; Je te rends grâce, Père, énergie des Puissances ; je te rends grâce, Dieu, Puissance de mes énergies...".[1]

Mais il faut éviter à tout prix l'enfermement d'une notion irréelle dans un concept. Il faut faire de la mort de dieu un grand renoncement.

Le nihilisme

"Ce que je raconte, écrit Nietzsche, c'est l'histoire des deux prochains siècles. Je décris ce qui viendra, ce qui ne peut manquer de venir : l'avènement du nihilisme. Cette histoire peut être dès maintenant contée car la nécessité elle-même est à l'œuvre.".[2] Le nihilisme est l'aboutissement obligé de la "religion nihiliste d'un peuple raidi dans sa sénilité.".[3] Nietzsche constate l'assombrissement universel se traduisant dans le pessimisme. Cette dévalorisation nihiliste n'est pas perçue par Nietzsche comme résultant des valeurs elles-mêmes. "Le nihilisme leur est inhérent, il est dès le début, leur dot cachée.".[4]

Nous avons pu voir la fausseté des idéaux chrétiens et donc découvrir le mensonge à la base de l'idéalisme métaphysique. Ruiner cet édifice, nous a découvert ce qu'il cachait derrière lui : le nihilisme. "Deus qualem Paulus creavit, dei negatio.".[5] Il n'y a en effet pas de dieu au-dessus de cette structure religieuse, pas de ciel caché ; seul le vide et le hasard. Ce vide est en fait pour Nietzsche un point obscur, une absence, un nihil. Dieu n'a pas créé à partir de rien, mais l'homme a créé le rien, nihil, à

---

[1] Corpus Hermeticum, Belles lettres, t. II, Traité XIII, p. 208.

[2] V.D.P. , t. II, § 25, p. 21.

[3] Ibid., t. I, § 338.

[4] E. Fink in op. cit., p. 194.

[5] A.C., § 47, p. 77.

partir de tout. Divinisant cette absence, il n'a pu se rendre compte de la fausseté des fondements de la pensée métaphysique. Maintenant les impulsions émergent, impulsions qui depuis longtemps agissaient secrètement en elles. "Peut-être, remarque E. Fink, est-ce en général la fin de cette histoire, lorsque la vie découvre le secret dont elle a vécu, et atteint sa fin, lorsque l'esprit arrive à se posséder lui-même, lorsque la différence entre l'être en soi et l'être poursoi a disparu, et qu'il est entré dans l'être en-soi-et-pour-soi.".[1] Dieu en tant que masque est ôté et découvre le gouffre des profondeurs que voulaient à tout prix cacher les idéalistes. De la même manière que la Pythie, la métaphysique s'est exprimée en un langage incompréhensible, parlant des cieux et de Dieu. Mai§ si elle a pu parler n'est-ce pas grâce aux émanations issues de ce trou sombre ouvert dans le flanc de la terre. Nietzsche dévoile ces propos comme factices et souligne l'importance vitale de ce néant. Irrémédiablement, le regard baisse et tente de fouiller cette obscurité. "Le nihilisme, écrit E. Fink, est essentiellement un état intermédiaire, une transition." C'est le moment où une nouvelle époque commence et où "ce monde athée commence à briller dans la lumière d'une nouvelle expérience de l'être.".[2] La valeur dominante dans cette période de transition est le néant."

C'est une histoire lamentable : l'homme cherche un principe au nom duquel il puisse mépriser l'homme. Il invente un autre monde pour pouvoir calomnier et salir ce monde ci ; en fait, il ne saisit jamais que le néant et fait de ce néant, un Dieu.".[3]

Précisons ce que Nietzsche entend par néant. Ce n'est pas un néant au sens du nihil absolutum, mais un néant axiologique, donc toujours relatif à l'être lui-même. C'est ce sentiment qui ressort du journal du Nihiliste : "Terreur d'avoir découvert la fausseté" de tout. Le vide, plus de pensée ; les fortes passions tournant autour d'objets sans valeur... Tout est là, mais il n'y a plus de fins... L'athéisme ou manque d'idéal.

---

[1] E. Fink in op. cit., p. 195.

[2] Ibid.

[3] V.D.P. , t. I, §210, p. 103

65

Catastrophe : Le mensonge ne serait-il pas une chose divine ? La valeur de toute chose ne consisterait-elle pas à être fausse ? Ne devrait-on pas croire en Dieu, non parce qu'il est vrai, mais parce qu'il est faux ? Qui sait si le mensonge justement et la falsification, l'introduction artificielle d'un sens, ne serait part une valeur, un sens, une fin ?".[1]

Mais le néant ne peut et ne doit-être élevé au rang de substance propre. "Le néant n'est pas l'autre absolu de l'être -une telle altérité lui apparaît impensable- mais un des possibles de l'Etre.".[2] C'est pourquoi le texte du crépuscule des idoles précise : "Si un philosophe pouvait-être nihiliste, il le serait car il trouve le néant derrière tous ses idéaux, et même pas le néant mais seulement ce qui est futile, absurde, malade, fatigué, toute espèce de lie dans le gobelet vidé de son existence.".[3] Ainsi le nihilisme est le dévoilement de la décadence et du nihil sur lequel tout reposait jusqu'alors.

Les trois clefs principales du passage de la décadence au savoir de soi sont définies ainsi par J. Granier :

"1° L'universalisation de la Décadence, résultat de la victoire paradoxale des faibles sur les forts.

2° La mainmise de la décadence sur l'appareil des catégories logiques conditionnant la possibilité d'hypostasier ces catégories dans un monde "suprasensible."

3°La naissance de la Vérité absolue, comme produit de la Morale elle-même.".[4]

Ainsi, seule la révolte nihiliste peut rendre possible la critique de la transcendance et du supra sensible. Cette révolte se place au sein d'une tension générale." La lutte contre Platon, contre 1a tyrannie chrétienne et ecclésiastique au cours des millénaires a créé en Europe un état de tension spirituelle magnifique et jusque-là inconnu ; armé d'un arc ainsi

---

[1] Ibid., t. II, § 107, p. 44.

[2] J. Granier, op. cit., Le nihilisme, p. 244.

[3] Cité par J. Granier in op. cit., p. 244.

[4] J. Granier, op. cit., p. 246.

tendu, on peut désormais viser les cibles les plus éloignées.".[1] La résultante de cette tension ontologique est le nihilisme. Il est l'aboutissement logique de nos valeurs et de nos idéals les plus hauts. Ce nihilisme ambigu peut-être vu sous deux aspects :

"A. Le nihilisme, signe d'une puissance accrue de l'esprit : le nihilisme actif. B. Le nihilisme, signe de décadence et de régression de la force spirituelle : le nihilisme passif.".[2]

Ce dernier est une tentative pour trouver un accommodement avec la métaphysique déchue. Mais ceci ne peut-être qu'éphémère, car rien à ce stade ne peut contrebalancer cette tension accumulée par la philosophie et la religion. Le nihiliste passif fait partie de cette race accablée par les nouvelles perspectives à venir. La volonté est celle de considérer que tout est vain et que tout mérite de périr. C'est ce que Nietzsche appelle, le nihilisme las, qui n'attaque plus. Il est faiblesse, détachement, immobilise. L'esprit, incapable de réagir et d'aller vers l'avant, s'épuise et se décompose. L'énonciation "tout est faux" enfonce dans cette nuit d'où tout désir disparaît.

Ce n'est là que le fait des individus décadents. Pour les autres le nihilisme actif découvre une force et un dynamisme visant le nouveau but que va se découvrir la morale. Car "cet état normal peut-être un signe de force ; la force d'un esprit peut avoir crû au point que les fins antérieures... ne sont plus à sa mesure... Il atteint son maximum de force relative sous forme de force violente et destructive du nihilisme actif.".[3] Le nihiliste doit donc devenir un artificiel doit mettre la main à la pâte et détruire... C'est illogique, si l'on veut ; mais le nihiliste ne se croit pas tenu d'être logique... C'est l'état des esprits forts et des volontés fortes ; à ceux-là, il n'est pas possible de s'en tenir à un "jugement" négatif ; la négation active tient à leur nature profonde. La croyance à la norme disparaissant, les déshérités, les faibles sont envahis par cette force intériorisée jusqu'alors. Ainsi apparaît "la volonté de détruire" la volonté de se

---

[1] P. D.M., Préface, p. 18.

[2] V.D.P. , t. II, § 276, p. 92.

[3] V.D.P. , t. II, § 277, p. 92.

détruire, la volonté de néant..[1] Cette apparition révèle la prise de conscience par les déshérités de leur détachement de la morale et de leur possibilité d'exercer leur puissance. Le nihilisme actif apparaît donc comme un phénomène tout à fait favorable. C'est la perception que la morale est dépassée et que la puissance peut s'exprimer en tant que telle, sans la retourner contre soi, à la manière religieuse.

J. Granier caractérise la forme Nietzschéenne du nihilisme comme "classique ou extatique." Cette dernière permet de ne pas rester au seul stade de destructeur. La destruction permet d'annihiler les fausses structures, de renverser les anciens idéaux, mais aussi d'instaurer une nouvelle "fondation" des valeurs grâce à la volonté de puissance affirmative. "Le nihilisme proprement dit, ce pourrait-être le signe d'une croissance décisive et essentielle, d'un passage à de nouvelles conditions d'existence. Voilà ce que j'ai compris."[2] Mais cet aboutissement n'est pas la création d'un nouveau système en tant que tel. Sa fondation est le nihilisme et l'idéal de la plus haute puissance de l'esprit, de la vie la plus riche, ne reste ni destructeur, ni ironique. Le nihilisme est utilisé par Nietzsche comme un outil lui permettant de détruire, mais de dépasser ensuite sa propre destruction. Il détruit toute chose, découvre la formule "Tout est faux, Tout est permis" et la dépasse aussitôt pour parvenir aux présages de la négation suprême ; "Rien n'est vrai, tout est permis."

Le nihilisme capté par le génie de Nietzsche est devenu le temps de transition nécessaire, le temps indigent précédant la nouvelle aurore. La métaphysique et l'idéalisme s'effondrent mais de leur mort naît une humanité nouvelle libérée du joug des dieux qui acquiert une sorte de divinité.

Proclamer la mort de Dieu, vider le ciel de tout ce qu'il pouvait avoir de factice, c'est reconnaître la volonté de puissance de l'homme et vouloir qu'il se dépasse et commence à grandir les cimes. Le nihiliste est donc déjà un surhomme en devenir, détruisant ce qui arrive à son terme et révélant l'homme à lui-même." Le monde n'a plus de sens... la morale

---

[1] Ibid., t. II, § 102, p. 43.
[2] Ibid., § 271, p. 91.

antérieure s'est effondrée avec Dieu lui-même ; ils s'étayaient l'un, l'autre.".[1]

Les tables brisées

"Ce n'est ni le bruit d'un chant de victoire, ni le bruit d'un chant de défaite ; mais c'est le bruit de chanson que j'entends. Comme il approchait du camp, il vit le veau et les danses. La colère de Moïse s'enflamma ; il jeta de ses mains les tables et les brisa au pied de la montagne.".[2]

Zarathoustra, tel Moïse, descend de la montagne pour briser les tables de valeurs. Zarathoustra ne veut pas être le berger du troupeau, mais en détourner beaucoup. "Voyez les bons et les justes ! Qui haïssent le plus ? Celui qui brise les tables des valeurs, le destructeur, le criminel mais celui-là, c'est le créateur.".[3]

"Le changement des valeurs, c'est le changement des créateurs. Celui qui doit être un créateur, celui-là détruit toujours.".[4]

Ce que Nietzsche détruit ici, ce sont les tables écrites par la main de Dieu, selon la formulation religieuse de cette origine. Il a pu montrer qu'en fait, elles n'étaient que l'idéalisation du ressentiment des opprimés. C'est sur celle-ci que l'ontologie métaphysique avait pris place. Au cours des siècles, les valeurs ont véritablement formé un code implacable et intangible. Il fallut la mort de Dieu, le nihilisme et la liberté de pensée retrouvée dans le polythéisme pour renverser et briser les anciennes tables. Le polythéisme préparait l'être à devenir créateur et la destruction lui permit d'être un créateur. "Je suis assis ici et j'attends, entouré de vieilles tables brisées et de nouvelles aussi, à moitié écrites.".[5]

---

[1] Cité par J. Granier in op. cit., p. 237.

[2] Exode 32:18-19.

[3] A.P. Z., Prologue, § 9, p. 22.

[4] Ibid., Des mille et un buts, p. 79.

[5] A.P. Z., 3° Partie, Des vieilles et des nouvelles tables, § 1, p. 277.

Personne ne savait encore ce qu'était le bien et le mal, car "c'est par sa création seulement que quelque chose est bon ou mauvais.".[1] L'homme est un pont et non un but, il doit briser et rire pour pouvoir créer et aller au-delà de lui-même. Mais aller au-delà de lui-même ne sera pas un nouveau chemin vers le ciel.

Tout est pur aux purs "ainsi parle le peuple, mais moi je vous dis : "Tout est porc aux porcs.".[2] Ne fixez pas vos yeux sur ce qui est lumière car le début du chemin est destruction et obscurité. "Ô mes frères, il y a beaucoup de sagesse dans le fait qu'il y a beaucoup de boue dans le monde !".[3] Il faut briser toutes les tables établies, briser tout ce qui peut être un point de stabilité, de référence. L'homme n'a de cesse que de poser un point fixe, pour œuvrer ou raisonner. Nietzsche refuse une telle chose ; il faut briser les tables anciennes comme les nouvelles, par les paroles individuelles de chacun. Seule la volonté doit-être entretenue, car c'est elle qui libère."

Vouloir libère : car la volonté est création : voilà ce que j'enseigne.".[4] "Et les créateurs sont durs, c'est pourquoi je suspends au-dessus de vous cette nouvelle table, à mes frères : devenez durs !".[5] Nietzsche nous décrit ici ce qui doit guider le nihiliste. Il doit vouloir et ce, en dehors de toute ancienne morale. Il est le destructeur froid et lucide à qui la dureté est le moyen de créer la noblesse. A ce titre un texte du Gai savoir, la sainte cruauté, illustre ce qu'est cet état lors de la destruction des fausses tables. Nous le citerons donc dans son intégralité.

"Un homme vint trouver un saint, portant un enfant nouveau-né. "Que dois-je faire de cet enfant ?" demanda-t-il ; "Il est misérable, malvenu, et il n'a pas assez de vie pour mourir. Tue-le, s'écria le saint d'une voie terrible, tue-le et porte-le trois jours et trois nuits dans tes bras pour en

---

[1] Ibid., § 2, p. 278.

[2] Ibid., § 14, p. 290.

[3] Ibid., p. 291.

[4] Ibid., § 16, p. 293.

[5] Ibid., § 29, p. 306.

garder toujours mémoire : il ne t'arrivera plus ainsi d'engendrer un enfant quand l'heure n'en sera pas venue.''

Ayant entendu ces paroles l'homme s'en alla, désappointé ; et beaucoup blâmèrent le saint parce qu'il avait conseillé une chose cruelle, car il avait conseillé de tuer l'enfant.''

''Mais n'est-il pas plus cruel de le laisser vivre ?'' répondit le saint.''.[1]

Ainsi doit agir l'homme libre des anciennes valeurs. La sainteté est placée au-delà de tout ancien idéalisme et sa formulation ne doit même pas être considérée comme fondatrice. Les tables brisées sont les anciennes aussi bien que les nouvelles. Le nihiliste est ce destructeur, futur créateur de sa propre valeur. Il doit descendre au plus profond de son être, connaître les tréfonds de son obscurité avant de pouvoir renaître et d'élever vers le surhomme. L'ascension ne peut être entreprise que postérieurement à cette ''descente'' vers la terre, vers ce qui est le propre du corps : ses entrailles.

Le dépassement de l'homme par lui-même est alors partagé entre ce que nous nommerons la transdescendance et le transascendance. La transvaluation de la morale entraîne Nietzsche à écrire : ''Il faut porter du chaos en soi pour donner naissance à une étoile dansante.''.[2]

---

[1] G.S., Livre I, § 73, p. 107.
[2] A.P. Z., Prologue, § 5, p. 14.

L'ASCENSION

L'a priori d'obscurité

De nombreuses allégories et textes, principalement dans *Ainsi parlait Zarathoustra*, illustrent cet aspect de la démarche nietzschéenne. Le destructeur des tables doit descendre au tréfonds de la terre, au sein du chaos. Il doit traverser l'obscurité avant de pouvoir gravir de nouvelles cimes. Ainsi Nietzsche écrit :

"Des montagnes silencieuses et des orages de la souffrance, mon âme descend en mugissant vers les vallées... je ne suis plus qu'une bouche, le mugissement d'un torrent tombant d'un haut rocher : je veux précipiter mon discours dans les vallées.".[1]

Dans l'ensemble des textes concernés par cette dynamique, le mouvement engendré va se situer sur le plan vertical. L'être va descendre, pour ensuite remonter. Ce mouvement se retrouve dans tous les textes majeurs de la littérature spiritualiste. Nous en citerons trois exemples pour mémoire."

Alors Jésus fut emmené par l'Esprit dans le désert pour être tenté par le diable... Il jeûna quarante jours et quarante nuits, puis il eut faim. Le tentateur s'approcha...".[2]

Le lieu symbolique de la mort et du chaos, le désert, est utilisé pour rencontrer et vaincre celui qui synthétise l'aspect obscur de la personnalité."

"Est mort, (Jésus), a été enseveli, est descendu aux enfers, et est assis à la droite de Dieu...".[3]

Dans ces deux exemples l'obscurité précède la lumière et c'est par la volonté propre de l'individu que cette profondeur est visitée. Dante

---

[1] A.P. Z., 2° partie, L'enfant au miroir, p. 111.

[2] Evangile de Mathieu, 3:1-3.

[3] Credo Catholique.

commence lui aussi, dans la divine comédie, son ascension par la descente aux enfers :

"Va donc, notre vouloir est le même à tous deux :

C'est toi, mon guide, toi, mon seigneur, toi, mon maître !"

Ainsi lui dis-je ; et, dès qu'il fut en marche,

J'entrai dans le sentier sauvage et périlleux.".[1]

Enfin, Saint Jean de la croix traverse cette nuit obscure, nuit de l'âme, dans laquelle il se trouve nu et coupé de tout, Dieu semblant même l'avoir abandonné.

Dans chacun de ces exemples, l'obscurité semble la condition absolue pour celui qui désire volontairement ou inconsciemment s'élever vers la lumière ou, dans le cas présent, gravir de nouvelles cimes." Alors, de nouveau, quelque chose me parla sans voix : "Qu'en sais-tu ? La rosée tombe sur l'herbe, quand la nuit est la plus silencieuse.".[2] Plus loin Nietzsche écrit : "il y a peu, je te regardai dans les yeux, à vie : je vis de l'or étinceler dans ton œil nocturne, mon cœur s'en arrêta de plaisir :

Je vis étinceler une barque d'or sur des eaux nocturnes, une barque qui coulait, s'immergeait, une barque dorée, bercée, faisant signe encore, !.[3]

Ce mouvement vers le bas est propre à la dynamique engendrée Par la disparition de Dieu. Cette nuit obscure peut-être envisagée sous deux aspects. Le premier est celui de la mystique religieuse classique, du monothéisme. Dieu met à l'épreuve la patience, l'abnégation et l'amour du dévot. Le livre de l'imitation de Jésus-Christ, souligne fort justement ce thème :

"Il n'est pas difficile de mépriser les consolations humaines, quand on jouit des consolations divines. Mais il est grand et très grand de consentir à être privé tout à la fois des consolations des hommes et de celles de

---

[1] Dante, La divine comédie, Classiques Garnier, Bourges, 1982, Chant deuxième, p. 20.

[2] A.P. Z., 2° partie, L'heure la plus silencieuse, p. 206.

[3] Ibid., 4° partie, L'autre chant de la danse, § 1, p. 322.

Dieu, de supporter volontairement pour sa gloire cet exil du cœur... Quand la consolation vous est ôtée, ne vous découragez pas aussitôt ; mais attendez avec humilité et patience que Dieu vous visite de nouveau...".[1]

Il en est ainsi d'un nombre important de textes de la mystique. Pour chacun d'eux, ce passage presque obligé dans l'obscurité, n'est pas le fait de l'homme, mais du Dieu transcendant. Il n'y a en réalité aucune descente de la part de l'individu. Dieu se retire simplement, se voile et l'obscurité n'est que le reflet de son absence. Chacun des stades de cette ascension est le fait de la divinité ; l'homme doit simplement placer sa confiance en elle et arriver à percer cette nuit. Dans le cas de Nietzsche, l'origine du mouvement sera déplacée. La destruction des idéaux, son état de créateur, vont le mettre en mesure de décider par lui-même le moulent à accomplir. La nuit que traversaient les mystiques, peut bien-sûr être assimilée à celle que Nietzsche vit, depuis la mort de Dieu. Mais, comme nous l'avons dit, cette absence apparente de Dieu, n'inclut pas une descente au sein de la terre. Pour Nietzsche aussi, Dieu est absent et "je reconnais mon lot, dit-il enfin avec tristesse. Allons ! Je suis prêt. Ma dernière solitude vient de commencer. Ah, cette mer noire et triste en dessous de moi !".[2] Le mystique doit s'unir à ce qu'il a de meilleur en lui, de plus subtil, de plus léger. Nietzsche ne peut se permettre cela. Il a détruit ces mensonges idéalistes fabriqués dans les officines. Les fausses vertus ne peuvent être la voie de la liberté vers les cimes. C'est du chaos que doit renaître le nouvel homme, du plus profond de l'être, de l'union avec le plus terrestre, de la communion avec la boue et le sol. Aussi l'état intérieur du destructeur ressent-il cette pesanteur, cette nécessité de s'abaisser. C'est là le reflet de sa liberté durement acquise."

Pour cela je dois descendre dans les profondeurs... Tout comme toi, (grand astre), je dois décliner, comme disent les hommes.".[3]

---

[1] Imitation de Jésus-Christ, Traduction de l'abbé F. Lamennais, Livre II, § 9.

[2] A.P. Z., 3° partie, Le voyageur, p. 213.

[3] Ibid., Prologue, § 1, p. 4.

Cette pesanteur perçue, l'homme doit descendre seul vers le point le plus bas de l'abîme."

Je suis devant ma montagne la plus haute et mon voyage le plus long : c'est pourquoi il me faut d'abord descendre plus bas que je ne suis jamais descendu :

Plus bas, jusqu'au plus profond dans la douleur, plus profond que je ne suis jamais descendu, jusqu'au cœur de son flot le plus noir !".[1]

Devant cet abîme, l'homme doit aller seul, comme Zarathoustra le dit à ses disciples ;" vous aussi, vous allez vous en aller et chacun seul ! Je le veux ainsi... Et le grand midi c'est le moment où l'homme se trouve à mi-voie entre l'animal et le surhomme et où il fête le chemin qui conduit au soir comme son espoir le plus haut... Alors celui qui décline se bénira lui-même d'être celui qui franchit.".[2]

Il faut donc se jeter dans les ténèbres, quitter tout ce qui nous reste. "Il fait nuit... Je suis lumière, oh ! si je pouvais être nuit ! Ah ! que ne suis-je sombre et nocturne f oh f comme je me désaltèrerais au sein de la lumière !... Mais je vis dans ma propre lumière, je bois les flammes qui jaillissent de moi, ô, obscurcissement de mon soleil ! Voici ce qu'il convient d'abandonner, ce faux soleil intérieur qui nous maintient encore dans la lumière de la bonté et du don... C'est là ma pauvreté, jamais ma main ne se repose de prodiguer... ô, malheur de tous ceux qui donnent à profusion.".[3]

De la même manière que Zarathoustra rejette sa pitié, il lui faut rejeter son propre soleil et devenir obscurité. L'écueil est donc de croire que l'être est capable de donner quelque chose, de prodiguer réconfort et enseignement, à l'aide d'une pensée puisée en lui. Destructeur il l'est devenu, mais soleil il ne peut l'être qu'après s'être soumis à cette fusion au sein de la terre. Quand cette homme sublime sera fatigué de sa sublimité, alors seulement commencerait sa beauté, et ce n'est que quand

---

[1] A.P. Z., 3° partie, Le voyageur, p. 214.

[2] Ibid., 1° partie, De la vertu qui prodigue, § 3, p. 105-106.

[3] Ibid., 2° partie, Le chant nocturne, p. 144-145.

il se détournera de lui-même, qu'il sautera par-dessus son ombre (l'abîme) et en vérité, il sautera au beau milieu de son soleil.".[1]

Il faut donc que l'esprit possède un grand courage pour saisir l'abîme et entreprendre cette descente."

Celui qui laisse la chose humaine, écrit Nietzsche, a un abîme au-dessous de lui, mais c'est aussi le plus profond, celui qui naît aux intimes des trésors de la vérité ; il est le puits intarissable où nul seau ne saurait descendre qu'il ne remonte, comblé d'or et de bonté.".[2]

L'abîme c'est ce que les "libidineux" ont méprisé comme terrestre. Or, "nos entrailles, ce sont elles ce qu'il y a en vous de plus fort."[3] "Osez donc croire en vous-mêmes, en vous-mêmes et en vos entrailles ! Qui ne croit en lui-même, ment toujours.".[4]

Le sens de la terre

Il faut aller vers tout ce qui est terrestre : le corps, les entrailles, la terre elle-même. "Restez fidèles à la terre, mes frères, avec la puissance de votre vertu. Que votre amour prodigue et que votre connaissance serve le sens de la terre... Ne la laissez pas s'envoler du terrestre et cogner les ailes contre des murs éternels I Hélas, il y a eu tant de vertu envolée. Ramenez comme moi, la vertu envolée à la terre au corps et à la vie : pour qu'elle donne son sens à la terre, un sens humain".[5]

Le sens de la terre commence chez Nietzsche par la volonté de se poser les questions essentielles. Dans Ecce homo, il écrit : "Je n'ai jamais réfléchi aux questions qui n'en sont pas...Dieu "immortalité de l'âme" "délivrance" autant d'idées auxquelles je n'ai jamais consacré ni mon attention, ni mon temps, même dans ma tendre jeunesse, je ne saurais

---

[1] Ibid., Des hommes sublimes, p. 162.

[2] E.H., Préface, IV, p. 10.

[3] A.P. Z., 2° partie, De l'immaculée connaissance, p. 170.

[4] Ibid., p. 172.

[5] Ibid., 1° partie, De la vertu qui prodigue, § 2, p. 103.

voir dans l'athéisme un résultat, un événement : il est chez moi un instinct naturel.".[1]

Ce que nous avons pu voir auparavant nous montre la grande relativité des propos nietzschéens Mais, replacé dans le contexte dans lequel nous nous trouvons, une telle volonté doit redonner à la pensée un sens humain et terrestre. Il convient durant cette transdescendance de se poser les questions qui sont le propre de l'être humain et celles-ci vont concerner ce qu'il a de matériel en lui, le reste ayant été rejeté. Il faut donc s'interroger "sur le choix de l'alimentation, le choix du lieu et du climat... le choix de sa récréation. Tout ceci est infiniment plus important que tout ce qu'on a pris jusqu'ici au sérieux.".[2] Les idéalistes ont méprisé tout ce qui était humain en eux. Ils ont avili l'homme, réduit la nature et la terre à une émanation lointaine de la divinité. La terre était l'opposé du ciel sur cette hiérarchie ontologique. Mépriser la terre revenait à s'élever vers la lumière, vers Dieu. De là sont nées toutes les doctrines scandaleuses sur la condition humaine et les vertus qui y étaient rattachées. L'Eglise a, par exemple, "placé un dogme de l'immaculée conception... mais elle a par le fait maculé la conception.".[3] Remarque percutante s'il en est, qui a le mérite de souligner très exactement l'inversion des valeurs qui a eu lieu. Il appartient donc de retrouver la juste valeur de la terre au travers de cette plongée individuelle dans le puits".

Son bonheur devrait sentir la terre et non pas le mépris de la terre.".[4] Une telle perception ne peut pas être partagée, car il s'agit de l'expérience unique de celui qui, abandonné par tous, sans Dieu, impie, se retrouve lui-même au sein de la terre et contemple ses propres entrailles. Cette expérience initiatique (au sens étymologique) est comparable à celle de Bouddha."

---

[1] E.H., I, p. 37.

[2] E.H., III, p. 43 et X, p. 57.

[3] A.C., § 34, p. 54.

[4] A.P. Z., 1° partie, De la chasteté, p. 72.

"Considérez cette forme misérable, ramassis de choses impures et souffreteuses, pleine de désirs...".[1]

La différence dans la prise de conscience du Bouddha est qu'elle exprime une conséquence en apparence passive : tout est souffrance et illusion. Détachons-nous des corps et nous parviendrons à la connaissance, au détachement du cycle des renaissances.

Pour Nietzsche, tout est terre et "il en va de l'homme comme de l'arbre. Plus il veut s'élever vers les hauteurs et la clarté, plus ses racines plongent dans la terre, vers là-bas, dans les ténèbres et les profondeurs, dans le mal.".[2]

Cette trans-descendance est une nécessité pour l'homme. A l'instar des racines de l'arbre sa croissance est fonction de la profondeur et de la solidité des racines. Ménageant trop de choses, cédant trop : voilà notre terreau ! Mais pour qu'un arbre devienne grand, il lui faut du rocher ferme pour l'enlacer de racines fermes..[3]

La vie future doit donc s'ériger sur la fermeté et la dureté. La Profondeur atteinte par la descente de la conscience sera cet enracinement dont parle Nietzsche. L'être, loin de se perdre dans une fange emplie de vices et de maux, s'unit à la roche et à ses profondeurs. Elle est le réceptacle solide de ce que certains ont voulu calomnier et avilir. "Cet arbre croît ici, solitaire dans la montagne ; il s'est élevé loin au-dessus des humains et des animaux... Or le voici qui attend, qu'attend-il donc ? Il habite trop près du siège des nuages : il attend certainement la foudre prochaine.".[4]

C'est par cet attachement, par la compréhension totale de notre état d'hommes incarnés que le retournement peut se faire et la trans-ascendance s'accomplir.

---

[1] Dhammapada, Traduit par André Chedel, XI, § 147.

[2] A.P. Z., 1° partie, De l'arbre sur la montagne, p. 53.

[3] A.P. Z., 3° partie, De la vertu qui rend petit, § 3, p. 240.

[4] Ibid., 1° partie, De l'arbre sur la montagne, p. 54-55.

L'ascension spirituelle

Ô ciel au-dessus de moi, toi le pur ! le profond ; toi, abîme de lumière. Te contemplant, je frémis d'appétits divins. Me jeter dans ta hauteur, c'est cela mon innocence !... S'envoler, c'est cela uniquement que veut toute ma volonté... pénétrer en toi par mon vol.".[1]

"Un matin, peu après son retour à sa caverne, Zarathoustra se leva d'un bond de sa couche, tel un fou, il se mit à crier..." Monte ! ô pensée d'abîme, monte de ma profondeur !... Mon abîme parle, j'ai retourné ma dernière profondeur et l'ai portée à la lumière.".[2]

L'éveil s'est accompli au plus profond de l'obscurité. Ce qui devait-être absence, enfouissement et ténèbres donne naissance à une nouvelle lumière. C'est à ce point que débute ce que nous nommions trans-ascendance. Cette pensée d'abîme est le reflet de la mutation de l'esprit. La pensée, par essence, était jusqu'alors, esprit. En tant que telle, elle était régie par la hiérarchie platonicienne : l'épitumia, le tumos, le logos. L'ensemble de l'édifice métaphysique reposait sur ces bases. Le nihilisme rejeta cette structure, mais l'esprit pouvait continuer à se reconnaître comme inférieur. La théogonie devenait une anthropologie et l'idéal de l'être était sauvé. Nietzsche a ici rejeté tout ce qui était le propre de l'esprit humain, pour s'abîmer dans l'absence complète de système de référence. Au sortir de cette confrontation avec l'homme charnel, l'être corporel, "l'abîme parle." Une fois encore l'image de la pythie peut être employée analogiquement. Le souffle issu de la profondeur du rocher, de l'origine de la terre peut s'exprimer et être entendu. La parole pourrait être prophétique, mais la profonde mutation qui vient de traverser l'être lui permet de la placer au sein de la pensée. C'est donc l'homme réconcilié avec les dieux et la terre qui peut laisser s'exprimer en lui ce nouveau souffle qui crie et se répand parmi les hommes. Sa profondeur est donc maintenant de s'élever, de se jeter dans la hauteur", comme "l'esprit libre" qui saura respirer l'air de ses écrits, "un air des altitudes,

---

[1] Ibid., 3° partie, Avant le lever du soleil, p. 228-229.
[2] Ibid., Le convalescent, p. 308-309.

un souffle rude."[1] "Ce n'est pas la hauteur, c'est la pente qui est chose épouvantable. La pente où le regard dévale vers le bas et où la main se porte vers le haut pour saisir... Cela (la double volonté du cœur) c'est ma pente et mon danger que mon regard se précipite vers les hauteurs et que ma main se tienne et s'appuie sur la profondeur ! Ma volonté s'agrippe à l'homme, avec des chaînes je m'attache à l'homme, parce que je suis arraché, emporté vers le surhumain : car c'est là-bas que veut aller mon autre volonté."[2]

L'ascension décrite ici, reflète la difficulté ressentie par l'esprit, lorsqu'il se retourne et se sent propulsé et attiré par les cimes. Ce n'est pas la hauteur qui est dangereuse ; le philosophe saura utiliser au mieux, l'air froid et vif des montagnes : c'est la pente qui est redoutable. La volonté du cœur doit être partagée entre le sens de la terre et le dépassement de l'homme. Le but est le surhumain, mais il faut que celui qui va gravir la montagne reste enchaîné à l'homme. Si cela n'était pas le cas, l'esprit serait repris par la force de l'ancien idéal et érigerait de nouveau ce dieu et ces vertus uniques qu'il vient de détruire. Même le chemin emprunté ne peut-être balisé pour servir de guide. "Le chemin, en effet, il n'existe pas !"[3]

Zarathoustra décrit ainsi son ascension sur ce sentier :

"J'allai il y a peu, sombre, par un crépuscule de couleur cadavérique, sombre et dur, les lèvres séries. Il n'y avait qu'un soleil qui s'était couché pour moi.

Un sentier qui montait obstinément à travers des éboulis, méchant, solitaire que n'adoucissait plus aucune herbe, aucun buisson : un sentier de montagne crissait sous l'obstination de mon pas... mon pied se frayait un chemin vers le haut. Vers le haut, par défi pour l'esprit qui le tirait vers le bas, vers l'abîme, l'esprit de pesanteur, mon diable, mon ennemi mortel."[4]

---

[1] E.H., Préface, III, p. 9.

[2] AP. Z., 2° partie, Du discernement humain, p. 200.

[3] Ibid., 3° partie, De l'esprit de pesanteur, p. 277.

[4] Ibid., De la vision de l'énigme, § 1, p. 217.

Reprenant les images que nous venons d'analyser, Nietzsche décrit cette montée. L'esprit de pesanteur assis sur lui, le tire vers le bas et par réaction, celui-ci s'élève de plus en plus haut. Ce diable, ennemi mortel, veut l'entraîner et l'enfermer dans le chaos dont il vient de se détacher. Ce serait là un état passif, engendrant ce que nous nommions antérieurement le nihilisme passif. La pensée d'abîme, a fait jaillir, au contraire, une nouvelle dynamique pure et personnelle. Il ne doit cependant pas perdre de vue cette union avec la terre. C'est pour cela que l'esprit de pesanteur, tout en étant un adversaire, doit rester près du solitaire qui s'élève. Par son poids, il est le garant de la mémoire et du rattachement au corps. Il est le fardeau qui empêche de se Perdre directement dans les nuées. La trans-ascendance, devient donc la croissance de cette pensée d'abîme, menant de l'animal au surhumain. Elle est l'homme lui-même, instructurable, libre et créateur. Toute la volonté est tendue vers ce dépassement. L'esprit de la terre est né de la considération de la corporéité de l'homme. Elle n'incarne pas, au Sens propre, l'échelle de vertu, mais est le reflet de la prise de conscience qui a eu lieu lors de cette "nuit de l'âme."

Le solitaire est cet homme devenu lucide et pragmatique. Sa volonté le pousse à avancer, à jouer son rôle de créateur. "Car le voilà qui vient, lui, l'incandescent, son amour pour la terre vient I Tout amour du soleil est innocence et avidité du créateur !".[1]

L'être doit donc s'élever, partir à la conquête des cimes, de la même manière que Zarathoustra qui "ne s'était pas dit en vain : "Deviens qui tu es !".[2] Il n'y a pas de chemin et il faut devenir ce que l'on est. La voie de l'ascension nietzschéenne passe par ces deux conditions qui vont préparer la future philosophie du maître et du surhomme. Chaque homme est un être unique empruntant une voie unique. Si, suivant ce chemin qui lui est propre et personnel, il reste attaché à ses propres entrailles, il pourra développer un esprit original, qu'il incarnera dans un corps noble, sans faux-fuyant. Ce sera là la condition sine-qua-non pour atteindre la race des véridiques.

---

[1] Ibid., 2° partie, Des savants, p. 172-173.
[2] Ibid., 4° partie, L'offrande de miel, p. 338.

La morale des maîtres

Excelsior "Tu ne prieras plus jamais, tu n'adoreras plus jamais, tu ne te reposeras plus jamais en une confiance illimitée... Tu t'interdiras de t'arrêter dans une suprême sagesse, une suprême bonté, une suprême puissance. Il n'y aura plus pour toi de rémunérateur ni de suprême correcteur...

... Il y eut un lac qui s'interdit un jour de s'écouler et qui se dressa une digue à l'endroit par où il l'avait fait jusqu'alors : depuis ce jour ses eaux ne cessent de monter... Peut-être l'homme ne cessera-t-il de s'élever du jour où il cessera de s'écouler en Dieu.".[1]

Dans ce texte Nietzsche synthétise tout ce qui va former le caractère de ceux qu'il a appelé, les maîtres. Le premier point est l'élévation de l'homme. La condition est qu'il s'empêche de s'écouler en Dieu. Pour cela, il doit, comme nous l'avons dit, chasser la divinité unique, vider le ciel et vivre pour ses propres besoins. L'être ne pourra être prodigue qu'une fois fort et riche. Le pauvre ne peut donner que des faussetés et des paroles vides. Seul le maître, incarnation de la vie, sera en mesure de refléter une morale humaine."

Certes il convient de ne pas se faire des illusions humanitaires sur la genèse d'une société aristocratique : la vérité est dure... La caste aristocratique fut toujours, d'abord, la caste des barbares. Ils étaient plus complètement des hommes.".[2]

La base de toute évaluation de l'homme et de la civilisation inférieure, repose pour Nietzsche, sur "la spiritualisation et l'approfondissement de la cruauté.".[3]

L'on a eu tendance à dire, ensuite, qu'une telle créature a disparu, mais elle s'est en fait "divinisée." Les hommes ont rejeté ce qui était brutal, vif, passionné et ont érigé le détachement en norme. C'est là nous nous

---

[1] G.S., § 285, p. 224.

[2] B.M., 9° partie, § 257, p. 180.

[3] Ibid., V2° partie, § 229, p. 147.

en rendons compte, une coupure d'avec la vie elle-même. La réunion avec le sens de la terre nous a fait découvrir le véritable aspect de la vie."

Vivre ?... C'est rejeter constamment loin de soi ce qui veut mourir. Vivre ?... C'est être cruel, c'est être impitoyable pour tout ce qui vieillit et s'affaiblit en nous et même ailleurs.".[1] Nier ce principe se révèlerait bien vite être la négation de "la vie, un principe de dissolution et de déchéance... Sur ce point, il faut penser en allant jusqu'au fond des choses et se défendre de toute faiblesse sentimentale : vivre c'est essentiellement dépouiller, blesser, dominer ce qui est étranger et plus faible.".[2]

La vie est volonté de puissance : "Tout est force." Ainsi cette dernière dans le cas du soi, est formé par les instincts au sein de la grande activité de l'organisme. Ils sont en lutte perpétuelle à l'intérieur de nous-mêmes et le soi en est le résultat momentané. Ce n'est donc pas à un homme substantiel que nous avons à faire, mais à une force créatrice, donc à une philosophie de la force.

Tout soi aspire à la prise de possession de l'extérieur. La vision nietzschéenne des siècles passés de barbarie, n'est pas une vision historique immobile. Elle se continue à l'intérieur de l'être, car par sa nature d'être vivant, il ne peut-être passif et faible sans disparaître. Ce n'est donc pas la négation qui est motrice, mais l'affirmation. L'instinct fondamental de la vie organique est volonté de puissance ; la vie visant toujours à s'accroître. Le soi vivant correspond à ce qui fait le fond de la race aristocratique. "Il y a, à ne pas s'y tromper, le fauve, la superbe brute blonde, avide de proie et de victoire.".[3]

Les peuples barbares ont toujours été conscients et fiers de cette faculté. Par l'expression de la vie, le soi s'affirmait en tant que tel et les civilisations les plus grandes ont pu s'établir. Que les peuples rejettent la force et l'affaiblissement des instincts entraînera un rapetissement du corps et de l'esprit, engendrant la décadence. L'humanité aristocratique

---

[1] G.S., § 26, p. 72.

[2] B.M., 9° partie, § 259, p. 182.

[3] G.M., Première dissertation, 11, p. 238.

est une glorification de soi et du soi. L'aristocrate honore en lui l'homme puissant au cœur dur. La vieille saga scandinave citée par Nietzsche dit : "C'est un cœur dur que Wotan a mis en mon sein ; qui n'a pas un cœur dur dès son jeune âge, celui-ci n'aura jamais le cœur dur."

Les mots utilisés de tout temps pour caractériser ce qui est fort sont le reflet de la volonté de calomnier." Tout corps explique Nietzsche, même s'il est en paix avec lui-même, est obligé, s'il est vivant et non pas moribond, de faire contre les autres corps tout ce dont les individus qui le composent s'abstiennent dans leur relation réciproque. Il devra être volonté de puissance incarnée, il voudra croître, s'étendre, accaparer... parce qu'il vit et que la vie est volonté de puissance.".[1] La hiérarchie est donc le reflet d'un ordre naturel dans lequel chacun reconnaît la valeur et la force de l'autre. Cette puissance est à l'origine de la volonté de se dépasser sans cesse, de se projeter de l'avant au-delà de nous-mêmes, inlassablement. Comme le remarque J. Granier "La volonté de puissance c'est l'Etre de tout ce qui est, pour autant que chaque existant doit se transcender sans cesse.".[2] Ainsi Nietzsche fait écrire à la vie : "Je suis ce qui est contraint de se surmonter soi-même à l'infini.".[3] Poursuivant l'analyse de J. Granier, nous remarquons le caractère réfléchi du verbe "se surmonter". Nietzsche interprète la vie dans son expression de puissance, comme une volonté d'aller sans cesse au-delà de l'acte de se transcender. Elle est l'expression de cette force qui ne peut devenir passive, sans engendrer la mort. La transcendance aristocratique est ce dépassement dynamique de la vie, par rapport à elle-même. La philosophie, outil conceptuel, devient ici l'exact reflet des forces à l'origine de l'homme. Elle peut donc être, à ce point, l'étude des forces premières de la vie. La volonté de puissance n'est pas le désir de quelque chose, ce qui correspondrait à cette immobilité entrevue, mais le "désir de désirer.".[4]

---

[1] Ibid., § 159, p. 182.

[2] J. Granier, op. cit., p. 412.

[3] Cité par J. Granier in op. cit., p. 412.

[4] J. Granier, op. cit., p. 415.

L'aristocrate ne pourra donc jamais se satisfaire de son état d'être fort, mais sera impliqué dans cette dynamique parcourant la verticalité de la trans-ascendance.

Il est donc évident que s'instaure naturellement une hiérarchie entre les êtres. D'une part, ceux qui ne peuvent désirer et qui deviendront faibles, par leur opposition à la puissance de la vie ; d'autre part, ceux qui s'attachent à la vérité du désir, c'est-à-dire, le soi. Ces derniers seront les forts, conformes à la vie et à son dynamisme ascensionnel. La conséquence nietzschéenne, en sera alors la constatation de la différence des morales entre ces deux groupes d'individus."

En parcourant de nombreuses morales raffinées ou grossières qui ont régné ou qui règnent encore sur la terre, j'ai vu que certains traits revenaient régulièrement ensemble et se liaient les uns aux autres, de sorte qu'à la fin deux types fondamentaux se révélèrent à mes yeux et que je découvris une différence fondamentale. Il existe une morale des maîtres et une morale des esclaves... Ces critères moraux différents sont nés soit au sein d'une classe dominante, consciente et satisfaite de ce qui la distinguait de la classe dominée, soit parmi les sujets, les esclaves et les subalternes de tout rang.".[1] Dans Ainsi parlait Zarathoustra, Nietzsche parvient à la même remarque :

"Zarathoustra a vu beaucoup de pays et beaucoup de peuples : C'est ainsi qu'il découvrit le bien et le mal de beaucoup de peuples... Aucun peuple ne pourrait vivre sans d'abord fixer des valeurs ; mais s'il veut subsister il ne doit pas juger comme juge le voisin.".[2]

Nietzsche remarque à la suite de beaucoup d'autres la relativité de la morale. Cependant, il la caractérise en deux natures bien définies : les maîtres et les esclaves. D'un point de vue général, Zarathoustra nous dit qu'une table des lois est suspendue au-dessus de chaque peuple. "Vois, c'est la table de toutes ses victoires sur lui-même, c'est la voix de sa volonté de puissance.".[3] "Les jugements de valeur sont inspirés et réglés

---

[1] B.M., 9° partie, § 260, p. 182-183.

[2] A.P. Z., 1° partie, Des mille et un buts, p. 77.

[3] Ibid.

par notre volonté de puissance.".[1] Il devient évident que les valeurs ne peuvent-être issues que d'hommes incarnant la vie et la puissance. "L'humanité aristocratique sent qu'elle détermine les valeurs, elle n'a pas besoin d'approbation, elle juge que ce qui lui est nuisible en soi, elle sait que c'est elle qui confère de la dignité aux choses, elle est créatrice des valeurs. Elle honore tout ce qu'elle trouve en soi ; une telle morale est une glorification de soi.".[2] Ce qui est louable est tout ce qui "est réputé difficile ; ce qui est indispensable et difficile, voilà ce que j'appelle bien.".[3]

J. Granier remarque, que la valeur est exactement proportionnelle au degré de perfection c'est-à-dire de "puissance", que manifeste un être qui se transcende lui-même, on peut dire que le fond d'une morale barbare est l'énergie brute, l'énergie pour elle-même. L'ensemble des conceptions développées par Nietzsche au sujet des maîtres sont l'antithèse de la définition de Calliclès : "C'est l'étendue de la maîtrise qu'un homme parvient à gagner sur ses passions, c'est la mesure de son aptitude à se transcender lui-même.".[4] Il n'est pas Dieu incarné dans l'homme, mais au contraire, l'incarnation de la puissance brute dans l'être. Tout découle de cette conception, dans laquelle l'opposition "Bon" "Mauvais", a le même sens que l'antithèse "Noble" "Méprisable". Les valeurs qui en découlent sont donc issues de cet égoïsme, partie intégrante de l'âme aristocratique. Elle se sait "la justice même" et trouve tout à fait naturel que d'autres êtres lui soient soumis. Elle est ce qui donne valeur aux choses "leur donne leur sens, un sens humain." La dure loi des oiseaux de proie et du troupeau est instaurée, mais à la différence de la nature foncièrement irréfrénée, le maître soumet ses pulsions à une régulation sévère."

Les signes de la noblesse morale : ne jamais songer à rabaisser ses devoirs pour en faire des devoirs de tout le monde, ne pas abdiquer sa

---

[1] V.D.P. , t. 1, § 30, p. 209.

[2] B.M., 9° partie, § 260, p. 183.

[3] A.P. Z., 1° partie, Des mille et un buts, p. 77.

[4] J. Granier, op. cit., p. 412.

personnalité propre, ne pas Vouloir la partager, compter ses privilèges et l'exercice de ses privilèges au nombre de ses devoirs.".[1]

L'on peut parvenir à une vision assez juste de ce que Nietzsche entend par maître, en observant, comme nous l'avons dit auparavant le rapport entre le seigneur de l'époque médiévale et ses serfs. Le seigneur s'établissant dans son fief, y décrétait les diverses lois y présidant. La norme sera donc cette table créée par la tradition et par l'homme fort. Le bien et le mal deviendront ce qui est conforme à cette règle précise. Ceci étant l'aspect légaliste de cette expression du maître, abordons son aspect psychologique.

Dans la Grèce ancienne, les nobles disaient d'eux-mêmes : "Nous les véridiques." Le maître était l'incarnation de la force. "Il honore en lui l'homme puissant qui a pouvoir sur lui... qui sait parler ou se taire, qui prend plaisir à exercer contre lui-même sa sévérité et sa dureté, qui respecte tout ce qui est sévère et dur.".[2]

Le maître est puissant et est conscient qu'il l'est. Seul un faible peut se croire impuissant ou ignorer sa propre force. Conscient de cette énergie, il l'applique intérieurement dans une noblesse d'actes et de pensées. Il est l'oiseau de proie, pour qui sa propre nature prime sur une pitié tout à fait inadaptée. Sa puissance lui reconnaît le droit de se nourrir et de vivre des règnes inférieurs. Nulle morale ne doit-être considérée, seule la hiérarchie plaçant le noble au-dessus du faible. Il est "sévère et dur" car, possédant un caractère droit et trempé, il regarde à sa hauteur. Il est un vent qui fait tomber tout ce qui n'est pas à son "altitude." La dureté est la garantie d'une loi effective et efficace. Il en est de même dans l'Ancien Testament, puisque les écarts du peuple élu sont punis de mort. Le maître tient donc la place du Dieu d'Israël, puissant, sans passions, mais légiférant librement.

Le maître a la foi en soi. Il est créateur et entretient une totale confiance en ses désirs. Avec "une aversion foncière à l'égard du

---

[1] B.M., 9° partie, § 272, p. 198.
[2] B.M., 9° partie, § 260, p. 184.

désintéressement".[1], il affirme sa volonté et poursuit le désir qui l'habite de parvenir à ses fins ; il est donc intéressé. C'est cet engagement profond qui lui permet de progresser et de rester la représentation de la valeur humaine noble et inchangée. Si le désintéressement était introduit dans son être, nous serions face à un pâle avorton, indécis et changeant, "sans foi, ni loi." Or sa loi et sa foi sont ce qu'il veut incarner, "donner aux choses leur sens, un sens humain. C'est pourquoi il se nomme l'humain, celui qui évalue." (Der Mensch : l'être humain, Der Mann : l'homme. Tous deux sont issus de la racine Men, " penser" (mens latin)).[2]

"Les forts savent vénérer... le respect profond de la vieillesse et de la tradition... le préjugé en faveur des ancêtres et au détriment des nouvelles générations."[3] Les aristocrates reconnaissent la valeur de ce que les anciens ont apporté. C'est là, en effet, pour la plus grande part, le reflet de ce que la force et l'intelligence humaine a produit de plus noble. L'histoire a permis l'émulation entre les hommes et se trouve donc être le reflet de la hiérarchie naturelle, exprimée dans le temps. Vénérer les anciens, c'est vénérer la force dans son expression temporelle et se placer dans sa continuité, en agissant selon la dynamique de volonté de puissance. Avoir foi dans le progrès, comme les roturiers, c'est reconnaître un élément extérieur à l'homme pouvant agir contre sa propre puissance. L'homme vrai n'a que faire d'une fausse valeur, qu'elle se nomme Dieu, l'Idéal, le Bien ou le Progrès. Ce ne sont là que des idées sans fondements et sans origines. Qu'on regarde l'histoire et l'on ne voit que l'action de la force et de la puissance." Les créateurs se furent d'abord les peuples, et bien plus tard seulement des individus."[4] La volonté de puissance se trouve ici impliquée dans une dialectique de l'histoire. Cette dernière ne peut être comprise que par des esprits libres, des maîtres qui sauront véritablement voir ce qui est noble dans cette perspective. Elle est donc maîtresse de l'histoire, évacuant toute autre valeur transcendante à la temporalité. L'on retrouve ici ce que nous

---

[1] Ibid.

[2] A.P. Z., 1° partie, Des mille et un buts, p. 79.

[3] B.M., 9° partie, § 260, p. 184.

[4] A.P. Z., 1° partie, Des mille et un buts, p. 79.

développions dans le deuxième chapitre, l'influence de sa révélation. Le maître est celui qui évalue. "Evaluer c'est créer... et ce n'est que par l'évaluation que se fixe la valeur : et sans l'évaluation l'existence serait une noix creuse.".[1]

Conserver la vision temporelle chrétienne, aurait empêché Nietzsche de percevoir ce point. Le maître dans le christianisme ne peut fixer de valeurs, puisqu'il n'a essentiellement aucune prise sur le déroulement de son histoire. Il faut que Dieu ait disparu et que le maître prenne symboliquement sa place dans l'ordre de la nature, pour que la valeur humaine et terrestre puisse être garantie.

Poursuivant l'esquisse de la psychologie des maîtres, Nietzsche écrit que "la morale des maîtres pose le rigoureux principe qu'on a de devoirs qu'envers ses égaux ; qu'à l'égard des inférieurs et de tout ce qui est étranger on peut agir à sa guise" comme le cœur vous en dit", et en tout cas "par-delà bien et mal".".[2]

Le maître se situe, jusque-là, dans cette perspective de trans-ascendance, c'est-à-dire sur une verticalité entre les ténèbres précédentes et l'air vif des cimes futures. Situer un être sur cette échelle, revient à reconnaître la hiérarchie suivante : les faibles, les égaux et les supérieurs. Or le maître "n'aime pas regarder vers le haut, mais seulement devant soi, horizontalement et lentement ou vers le bas."[3] La nouvelle dimension introduite est celle de l'horizontalité. L'aristocrate ne regarde qu'à sa hauteur ou au-dessous de lui, car ion égoïsme qui fait partie intégrante de son âme a naturellement besoin que d'autres lui soient soumis."[4] Cet égoïsme est accepté en tant que tel, comme un phénomène naturel qui a sa racine dans l'ordre des choses. Nietzsche précise : "C'est la justice même." Un tel mouvement tire son origine de la puissance qui est à la base de l'être. En effet, la règle qui faisait tressaillir l'âme d'un grec et le conduisait sur le sentier de sa propre grandeur, était, selon Nietzsche ; "toujours tu dois être le premier et surpasser les autres : ton âme jalouse

---

1 Ibid.

2 B.M., 9° partie, § 260, p. 185.

3 Ibid., § 265, p. 192.

4 Ibid.

ne doit aimer personne ; excepté ton ami.".[1] L'expression de la puissance est donc d'être toujours tendu vers l'avant, mais aussi d'être le premier et donc de se situer égoïstement au-dessus des faibles. L'on conçoit la morale qui veut en découler, puisqu'il s'agit d'exprimer la force de l'âme. La grandeur de l'aristocrate nietzschéen est d'accepter cela comme essentiellement naturel. Seule la transformation subie dans les "profondeurs de la terre" a pu permettre de voir la réalité, sans fards, ni mensonges. L'officine qui fabriquait les faux idéaux avait introduit ici les fausses morales de l'humilité et du sacrifice. Ne croyons pas qu'un état de maître engendre la volonté de la destruction, de la tyrannie ou de la violence, bien au contraire." L'homme vil est un parasite. Nous n'avons pas le droit de n'être que des jouisseurs ; cela est bas.".[2] De même il faut éviter de confondre le "libertinage, le principe du "laisser aller" avec la volonté de puissance.".[3] "Ce qui est important, écrit Nietzsche, c'est d'obéir longuement et dans un seul sens.".[4] Ainsi l'égoïsme aristocratique reconnu, l'impératif moral de la nature devient l'expression de cette situation du maître et de l'esclave." Tu obéiras, peu importe à qui, et pour longtemps, sinon tu périras et tu perdras tout respect de toi-même.".[5] Ceci est l'impératif non catégorique, d'adressant à l'animal "homme" tout entier, à l'espèce humaine. Il justifie à lui seul l'attitude du maître. La considération qu'il a de lui-même, est le reflet d'un ordre moral valable pour l'ensemble de la nature humaine. Il parvient à rendre universalisable sa particularité et à devenir le reflet de la terre.

Il peut être envisagé une sorte de "compassion et autres sentiments approchants.".[6] En ce qui concerne ses égaux, "elle se meut avec la même assurance faite de pudeur et de subtil respect que celle dont elle use dans ses rapports avec elle-même... c'est elle qu'elle honore dans les

---

[1] Ibid.

[2] V.P. , t. II, § 635, p. 192.

[3] Ibid., t. II, § 54, p. 31.

[4] B.M., 5° partie, § 188, p. 101.

[5] Ibid., p. 102.

[6] Ibid., 9° partie, § 265, p. 192.

autres.".[1] Ainsi dans tous les cas, "elle se place comme au centre de la mécanique céleste à laquelle tous les astres obéissent.".[2] L'aristocrate est à lui-même le pôle de référence et tous les éléments extérieurs à lui, sont considérés par rapport à sa personnalité.

Toutefois, considéré dans son ensemble, "il existe un instinct du rang qui est plus que tout indice d'un rang élevé ; il existe un goût du respect et de ses nuances.".[3] Le respect est cette sorte de "mutisme soudain, de trouble des yeux, de paralysie des mouvements qui atteste que l'âme se sent dans la proximité de ce qu'il a de plus vénérable.".[4] Cette valeur, indice d'un rang élevé, est ce que l'on a plus tard placé à la base de la notion de sacré. Ce dernier peut être compris comme ce qui est mis à l'écart, retiré de l'ensemble. Cet objet, être ou tout autre forme que ce soit, acquiert sa sacralisation par ce retrait des choses communes. L'attitude de respect, apparaîtra donc devant ce qui va devenir extraordinaire. La vulgarité de maintes natures se reflète "comme une eau malpropre en face d'un vase sacré, d'un objet précieux.".[5] L'instinct de noblesse engendre cette qualité d'âme, dans laquelle le soi reconnaît quelque chose qui n'est pas soi et qui doit-être maintenu dans sa particularité. C'est là une première reconnaissance de l'altérité. Par cela, Nietzsche introduit deux notions importantes. Dans la première, comme nous l'indiquions, la notion de sacré se trouve être définie par ceux qui fixent les valeurs. Le sacré n'est plus ce mensonge attribuant le respect à un être ou à un monde idéal. Il est, selon la tradition antique, une chose concrète qui ne prend valeur que par une décision particulière.

Dana le deuxième, noua remarquons que seule une âme noble est capable d'apprécier une telle valeur immanente.

Cette reconnaissance de l'altérité n'est possible pour Nietzsche que par cette différence hiérarchique, cette inégalité établie entre les pures et frange : seul le fort a assez de volonté pour se réduire lui-même et

---

[1] Ibid.

[2] P. B.M., 9° partie, § 265, p. 192.

[3] Ibid., § 263, p. 190.

[4] Ibid.

[5] B.M., 9° partie, § 263, p. 190.

reconnaître une valeur à une chose. Bien plus, il est celui qui pourra conserver et garantir cette sacralité vis à vis de la populace qui n'aurait qu'une volonté : égaliser.

Egaliser les hommes tout d'abord au sein d'une médiocrité décadente. Egaliser les valeurs, ensuite, au sein d'une table unique de vertus, dans laquelle les faiblesses seraient érigées en norme. Le maître est donc le garant d'une notion de sacré, devant introduire à un respect de l'individu dans sa propre dimension. Respecter les agneaux en tant qu'agneaux... et les oiseaux de proie en tant qu'oiseaux de proie." Vivre dans une immense, une orgueilleuse sérénité, toujours au-delà... se Passionner pour ou contre sa guise, ou ne pas se passionner... et vivre dans la société de ce vice ironique et joyeux, la courtoisie. Et rester maître de ses quatre vertus, le courage, la lucidité, l'intuition la solitude.".[1]

La solitude, explique Nietzsche est ici une vertu en ce qu'elle "est un penchant sublime à la propreté.".[2] En effet, le commerce de l'homme est peu à peu perçu comme "malpropre et même commun.".[3] La solitude est donc ce mouvement de retrait faisant de nous des purs. Les trois autres vertus forment l'âme du maître guerrier, qui doit à la fois combattre et avoir une vision juste et claire des choses qui l'entourent. Ainsi juge le maître à sa hauteur, avec justesse et fermeté, établissant sa loi, loi de puissance et de respect. Ne croyons pas qu'un tel homme ne saura pas être bon. Il le sera de même manière qu'un seigneur qui récompense son esclave. C'est sa grandeur qui lui permet d'agir ainsi, se désintéressant tout à fait de ce qu'il donne. N'a-t-il pas en effet assez de richesses pour ne pas se soucier de ce qu'il fait ? Une différence est faite ici entre ce don et le don chrétien. Celui-ci donne et partage par faiblesse. Son ressentiment, sa couardise l'empêche de se battre pour posséder et accroître sa puissance personnelle. Aussi n'a-t-il rien à perdre dans sa petitesse. Le médiocre donne au médiocre, en s'enrichissant du sacrifice qu'il s'impose. Vertu de petites gens qui n'a rien de comparable au geste large de l'aristocrate.

---

[1] Ibid., § 284, p. 202.

[2] Ibid.

[3] Ibid.

"Mais voici ce que j'enseigne, celui qui un jour veut apprendre à voler, celui-là doit d'abord apprendre à courir, à grimper et à danser. Ce n'est pas du premier coup d'aile que l'on conquiert l'envol !".[1] Les esprits libres, inventés un jour par Nietzsche, sont le reflet de cette morale, libre de tout impératif. Il est très difficile de cerner ce que l'on a appelé, la morale des maîtres. Elle n'est en fait que le reflet de l'état intérieur que le maître a atteint."

L'homme est difficile à découvrir et pour lui-même encore le plus difficilement ; souvent l'esprit ment au sujet de l'âme. C'est là l'œuvre de l'esprit de pesanteur. Mais celui-là s'est découvert lui-même qui dit : "Ceci est mon bien et mon mal.".[2] Il ne définit en fait Pas de nouvelles tables, pour ne pas risquer de tomber dans un immobilisme décadent. Chacun parvient à découvrir son bien et son mal, mais cette relativité des valeurs n'est pas dans le cadre du nietzschéisme le prétexte d'une anarchie. En effet, un tel éveil est fort bien ressenti par G. THIBON dans l'appendice de son livre : Nietzsche ou le déclin de l'esprit :

"Si de tels spectacles (le sacrifice d'un pauvre) ne pénètrent pas comme un aiguillon dans l'âme des privilégiés de la fortune et des détenteurs du pouvoir pour y susciter le dégoûte des assurances, des facilités et des profits matériels et le désir de se créer, sur un plan supérieur et librement choisi, une vie plus dure encore et plus traversée de risques et de sacrifices que celle du peuple qui travaille, l'ordre et l'autorité se trouvent privés d'un ferment essentiel... L'être noble n'est pas celui qui repousse l'inégalité... C'est celui qui sait et qui sent que l'inégalité porte sur les devoirs plus encore que sur les droits... Nietzsche n'a-t-il pas écrit lui-même : "Car l'homme le plus haut doit être aussi sur la terre le maître le plus haut. Il n'y a Pas de plus dure calamité, dans toutes les destinées humaines, que lorsque les puissants de la terre ne sont pas en même temps les premiers hommes. C'est alors que tout devient faux et monstrueux, que tout va de travers.".[3]

---

[1] A.P. Z., 3° partie, De l'esprit de pesanteur, p. 276.

[2] Ibid., p. 274.

[3] Gusta5° Thibon, op. cit., Appendice I, p. 302-303.

Il est nécessaire que les responsables soient une élite et que la noblesse soit ainsi liée à la force." Quand les chefs ne se soucient pas d'être les plus nobles, ils cessent vite d'être les plus forts.".[1] Le maître nietzschéen apparaît ici sous une autre lumière. Toutes les vertus développées qui ont pu amener de nombreux auteurs à placer Nietzsche au rang de malade mental ou de successeur de Calliclès apparaissent ici transformées. Jean Duby disait que les rois de France, bien qu'étant l'incarnation de la force, conservèrent un idéal et une vertu noble par le devoir dont ils étaient investis. Nul doute, poursuivait-il, que la guerre, les crimes et la violence auraient été plus grand s'il s'était s'agit d'un serviteur anonyme, issu de la foule, aisément interchangeable. Nietzsche nous montre l'image parfaite du fort qui, incarnant totalement sa puissance, s'en fait un devoir : le devoir du maître.

De sa volonté créatrice naissent les lois." Louable est tout ce qui est réputé difficile ; ce qui est indispensable et difficile, voilà ce qui s'appelle bien... Ce qu'il y a de rare, ce qu'il y a de plus difficile il le nomme sacré.".[2] Ainsi la morale des maîtres peut être ressentie comme difficile et même inaccessible. Cette sensation indique bien le fondement que recherche Nietzsche. Il est l'expression de la volonté de puissance acceptée et reconnue comme vertu. L'expression morale qui en découle modifie l'essence de l'être. L'ancienne loi était élaborée dans une officine obscure de mensonges. La loi nietzschéenne est créée dans l'air froid et vivifiant des cimes, à l'endroit où toute fausseté n'est pas seulement impossible mais inutile. Zarathoustra réunit l'ensemble de ces notions dans un paragraphe au symbolisme fort éloquent :

"Ses disciples, en lui disant adieu, lui donnèrent un bâton à la poignée duquel un serpent s'enroulait autour d'un soleil... il parla ainsi : "Dites-moi donc : comment l'or s'est-il acquis la valeur suprême ? C'est parce qu'il est rare et inutile et brillant et que son éclat est doux ; il ne cesse de prodiguer." Et Nietzsche poursuit, soulignant le parallèle entre l'or et la vertu : "Ce n'est que comme l'image de la vertu la plus haute que l'or s'est acquis la valeur la plus haute. Le regard de celui qui donne brille comme de l'or. L'éclat de l'or fait la paix entre la lune et le soleil. La vertu

---

[1] Ibid., p. 303.

[2] A.P. Z., 1° partie, Des mille et un buts, p. 77-78.

la plus haute est peu commune et inutile, elle est brillante et son éclat est doux : une vertu qui donne est la plus haute vertu.".[1]

Du maître au héros

"Notre chemin est un chemin qui monte de l'espèce à la sur-espèce.".[2]

L'ascension nietzschéenne doit se dépasser elle-même, car elle est la conséquence du dynamisme de la puissance. C'est pour cala qua, de la même manière que la vie ne peut s'arrêter sans entraîner la dégradation, ce seuil de maître, d'aristocrate, de fort, ne peut et ne doit-être une limite fixe. L'esprit de l'homme est donc à l'image de la vie." Notre esprit est un esprit qui prend son vol vers les hauteurs : ainsi il est image de notre corps, image d'une élévation.".[3] Il y a donc union entre la vie et l'esprit. L'idéalisme avait jusque-là brisé la personnalité en trois natures opposées : le corps, l'âme et l'esprit. De cette manière, deux antithèses avaient été formées : le monde matériel et le monde spirituel. L'esprit de l'homme ouvrait donc au champ supérieur. Toute recherche philosophique ou métaphysique se trouvait liée à ce monde. Le rapport instauré dans la personnalité est donc de type hiérarchique, le corps étant la partie inférieure et terrestre. En tant que telle, elle reflète ce qui est négatif, vil, les pulsions individuelles et malsaines. Toute recherche de l'esprit, qu'elle soit intellectuelle ou mystique, est alors perçue comme un moyen de progresser vers le Bien ou de s'unir à Dieu. Toute élévation affinant l'esprit nous permet d'être plus proche des commandements révélés. La vertu est cette ascèse privilégiant l'esprit ; la connaissance et le bien venant par surcroît. L'esprit est "l'image de l'élévation", de la sacralisation d'une corporéité jusque-là dédaignée. Mais un tel dépassement introduit une autre dimension. La distinction entre les deux substances s'étant effacée, Nietzsche peut-écrire : "Les images de telles élévations, ce sont les noms des vertus.".[4] "Jadis, tu avais des passions et

---

[1] Ibid., De la vertu qui prodigue, p. 100-101.

[2] Ibid., § 1, p. 102.

[3] Ibid.

[4] A.P. Z., 1° partie, De la vertu qui prodigue, p. 102.

tu les appelais mauvaises. Mais maintenant tu ne possèdes plus que tes vertus : Elles sont issues de tes passions. Ton but suprême tu l'as placé au cœur de ces passions, alors elles sont devenues tes vertus et tes joies... A la fin toutes tes passions sont devenues des vertus et tes démons des anges.".[1]

Auparavant le maître pouvait-être assimilé au noble puissant fondant sa propre loi et établissant ses valeurs. Ici, Nietzsche désigne un autre état, celui nous menant vers le surhomme, celui de héros.

La puissance a été associé à l'esprit et de son ascension naissent les vertus, passions sublimées. Cette sublimation s'effectue, à l'instar de l'ancienne religion, par l'annihilation totale de toute pulsion. Ici, c'est une transmutation, une nouvelle façon d'être, qui sanctifie ce qui Paraissait vil. C'est la réponse de Nietzsche à la phrase qu'il avait formulé dans l'Antéchrist : "En décrétant l'immaculée conception, ils ont maculé la conception." Il s'agit maintenant de sacraliser la conception et de la placer entre les mains de ceux qui savent conserver le respect de la terre.

Cette transmutation des démons en anges, est associée à la transformation de l'esprit. Toute accession à un degré de connaissance, est lié à un état mental dépendant de l'évolution acquise, du sein de ce courant de vie. Dans les phrases de Zarathoustra, Nietzsche décrit la vertu nouvelle, la pensée dominatrice, qui entoure une âme pleine de discernement par "un soleil d'or qu'entoure le serpent de la connaissance."[2] L'or, est, comme l'a expliqué Zarathoustra à ses disciples, l'image de la vertu la plus haute. Nietzsche veut faire en sorte qu'un état d'âme héroïque devienne nécessaire à quiconque veut se vouer à la science."[3]

"L'héroïsme, c'est l'état d'esprit d'un homme qui tend vers un but au prix duquel rien n'entre plus en considération."[4] C'est donc à un état d'être

---

[1] Ibid., Des joies et des passions, p. 45.

[2] Ibid., De la vertu qui prodigue, § 1, p. 103.

[3] V.D.P. , t. II, § 38, p. 237.

[4] Ibid., § 19, p. 233.

particulier que veut parvenir Nietzsche, en rupture avec cette tradition judéo-chrétienne.

"Inspirés, commandés par Yahvé, les prophètes de l'Ancien Testament ne parlent pas au nom de Dieu ; c'est Dieu qui parle par leur bouche... Les prophètes manifestent, bon gré, mal gré, l'intervention singulière et volontaire de Dieu dans l'histoire.".[1] Il y a subordination complète du croyant à la volonté de Dieu. Il devient l'instrument de Dieu et non Dieu lui-même," Hagios et non Théios.".[2] "Chez les Grecs, le héros, avant de devenir un type exemplaire pour les générations futures, se réfère à un modèle surhumain qu'il tente de réaliser en se haussant à lui : il se divinise dans la mesure du possible, il devient Théios, antithéos.".[3] La religion s'effectue dans les deux sens, de montée et de descente, et établit un rapport entre les deux. Le héros est cet être qui se détache du commun des mortels et s'élève au sein des divinités. De ce point de vue, il y a donc similitude entre le héros et le saint ou prophète, arraché à son milieu pour se lancer dans une aventure exceptionnelle. "Il y a cependant une différence radicale entre les deux que la perspective nietzschéenne souligne. Chez les grecs, cet arrachement est toujours lié à un épanouissement des forces immanentes. Ainsi René Schaerer cite Empédocle parlant à ses citoyens d'Aprigente : "Je suis venu près de vous en dieu immortel, et non en mortel, comblé d'honneurs comme il se doit, je marche au milieu de tous, la tête ceinte de bandelettes et de couronnes fleuries.".[4] Empédocle vient en Dieu. Les prophètes agissaient dans le monde sans y appartenir, comme envoyés de l'Eternel. Il est vrai que les héros se distinguaient des "hommes ordinaires par leur valeur surhumaine (Achille), leur pureté (Ion, Néoptolème, Iphigénie, Hippolyte), leurs dons (Tirésias, Cassandre), par une destinée exceptionnelle (Oedipe, Oreste).".[5] Cependant, on ne peut parler d'une élection de l'individu venant de l'extérieur. Dans chaque cas il s'agit

---

[1] René Schaerer, Le héros, le sage et l'événement, Aubier Montaigne, 1964, Conclusion, p. 17.

[2] Ibid., p. 217.

[3] Ibid.

[4] Ibid., p. 220.

[5] René Schaerer, op. cit., p. 221.

"sous une forme ou sous une autre, d'une victoire, d'une guérison, d'une réalisation des forces immanentes.".[1] Car l'héroïsme se caractérise par le jaillissement de la puissance humaine poussant l'être au rang d'une divinité." Il faut imprimer sur notre vie le sceau de l'éternité. Cette pensée est plus lourde de contenu que toutes les religions qui méprisent cette vie comme fugitive et qui nous ont appris à regarder vers une autre vie mal définie.".[2]

Le héros nous montre l'exemple de celui qui s'élève à un rang d'éternité. Au-travers de ceci, c'est la vie qui conquiert un titre qui lui était jusque-là refusé. Dieu ayant tout créé était le garant de la vie et de toute créature. L'infinité temporelle de la création, ne pouvait donc qu'être la conséquence de la volonté divine.

Ce qui distingue le héros de l'humanité est la force et la puissance exceptionnelle. Le héros constitue une catégorie à part et "si l'on abandonne la description morphologique pour envisager le problème des origines d'une façon historique on est obligé d'admettre... que l'apparente unité du monde héroïque est factice... Il y a, en fait, autant de cas particuliers que de héros.".[3] Il est donc tout à fait impossible, à la différence des autres catégories divines de la Grèce, de réduire cette personnalité à un cadre rigide et aisément structurable. Le héros est cet être qui a incarné la puissance et qui s'est révélé unique. L'on peut donc bien parler, comme Nietzsche l'a fait, d'un état d'âme héroïque, car c'est là l'exemple humain que nous donne la tradition grecque. Non des dieux, mais plus que des hommes, l'incarnation humaine de la puissance. La connaissance peut ainsi se libérer de toute contrainte et s'élever avec l'esprit toujours accroché aux ténèbres traversées. La terre et la puissance dégagent en l'homme ce qui fonde sa particularité et lui ouvrent les portes du surhumain.

---

[1] Ibid.

[2] V.D.P. , t. II, § 59, p. 241.

[3] Histoire des religions, t. I, Pléiade, 1970, Francis Vian, Grèce archaïque et classique, p. 569.

LES CIMES

Du héros au surhomme

Le héros est cet homme, qui va à chaque instant au-delà de lui-même. Il parvenait ainsi, dans la Grèce antique, au statut de demi-dieu. Or Nietzsche indique le risque de cette voie. L'homme sublime ne doit pas se prendre au piège de la sublimité."

Quand cet homme sublime sera fatigué de sa sublimité, alors seulement commencerait sa beauté... J'aimerais le voir en taureau blanc, précédant la charrue et son attelage, souffrant et mugissant et son meuglement chanterait la louange de la terre !".[1]

"Ce que j'aime en lui, c'est la nuque du taureau : mais je veux en outre, maintenant voir le regard de l'ange. Il lui faut désapprendre la volonté d'être héros : il doit être un homme suprême et pas seulement sublime.".[2]

Chaque seuil de progression de l'homme contient le risque de l'immobilité ; ainsi le héros devient cet homme qui incarne la puissance dans sa particularité et retranscrit les vertus de la terre. Il était jusque-là le taureau incarnant le sens de la terre, mais il lui manquait cette dimension supérieure. Nietzsche souligne ce point, lorsqu'il dit qu'il faut désapprendre "la volonté d'être héros." "Se tenir debout les muscles détendus et la volonté décelée... Quand la puissance se fait clémente et descend dans le visible : j'appelle beauté une telle descente."[3] Il faut, non seulement que le héros cesse de vouloir assumer sa nature, mais encore que la puissance jusque-là reconnue comme l'élément clef relâche sa tension. L'être s'est développé sous l'impulsion dynamique de la vie et il doit se tenir debout, c'est-à-dire devenir lui-même, pour accéder au sublime et au beau : La puissance pour devenir force. Le héros s'est essentiellement pénétré de la vie. Il doit cesser de la considérer vis-à-vis de lui-même. Elle doit l'incarner totalement. C'est à ce moment

---

[1] A.P. Z., 2° partie, Des hommes sublimes, p. 162-163.

[2] Ibid.

[3] Ibid., p. 164.

seulement, que l'humanité que Nietzsche qualifie de "plus haute et de plus claire".[1], peut se manifester.

"On en fait partie non parce qu'on est plus doué, ou plus vertueux, ou plus héroïque, ou plus aimant que les hommes d'en bas, mais parce qu'on est plus froid, plus clair, plus lucide, plus solitaire, parce qu'on a un regard qui porte plus loin, parce qu'on supporte la solitude, qu'on la préfère... Les héros, les martyrs, les génies et les enthousiastes ne nous semblent pas assez tranquilles, assez patients, assez fins, assez froids, assez lents.".[2]

La fougueuse attitude de guerrier est dépassée pour laisser place à la sereine tranquillité du surhumain. Ce n'est pas "l'humanité, c'est le surhumain qui est le but !".[3]

Seuil de l'apparent abandon, le héros doit aussi abandonner son "âme afin de s'approcher du sur-héros.".[4]

Nietzsche enseigne le surhomme avec la langue de Zarathoustra. Il atteint ici un seuil au-delà duquel il tente de nous placer dans l'atmosphère existentielle qu'il nous décrit. Pour cela son langage est celui de "l'enthousiasme et des hymnes." "Quel langage un tel esprit parlera-t-il quand il s'entretiendra avec lui-même ? Il parlera par Dithyrambe... Ecoutez comment Zarathoustra se parle à lui-même avant le lever du soleil, nulle langue n'avait su exprimer avant moi ce bonheur, cette divine tendresse..." dit Nietzsche dans Ecce Homo (p. 135)".[5]

Lui seul s'estime capable de décrire l'état du surhomme qu'on veut contempler existentiellement. C'est donc avant tout une description et non un concept qui est ainsi développé par Nietzche. La fissure qui opposait le corps et l'âme a disparu grâce à cette surhumanité.

---

[1] V.D.P. , t. II, § 526, p. 365.

[2] Ibid.

[3] Ibid., § 476, p. 350.

[4] A.P. Z., Ibid.

[5] Cité par Eugen Fink, L'annonciation, p. 84.

L'on pourrait comparer l'avènement évangélique du fils de l'homme et l'avènement du surhomme."

La lumière brille dans les ténèbres et les ténèbres ne l'ont pas accueillie. C'était la véritable lumière qui, en venant dans le monde éclaire tout homme.".[1] La lumière évangélique vient dans le monde pour éclairer l'humanité. C'est l'avènement de la transcendance incarnant son idéal dans la particularité. Or Nietzsche écrit :

"J'aime tous ceux qui sont pareils à de lourdes gouttes qui tombent, une à une, du sombre nuage suspendu sur les hommes : ils prédisent l'éclair qui vient et périssent en annonciateurs. Voici, je suis un prophète de la foudre, une lourde goutte qui tombe de la nue : mais cette foudre s'appelle le surhomme." (Zarathoustra, p. 34).[2]

Par-delà la permanence des images symboliques, ce texte nous souligne l'existentialité de la surhumanité. Elle est vécue, sentie et lorsque le feu du ciel s'abat sur les hommes ce n'est plus celui de l'Eternel des Armées mais celui du Surhomme. Ce qui est au-dessus de l'humanité est ce nouveau mont de l'Olympe habité par ce qu'il y a de plus grand. Cet éclair semblant jaillir des cieux doit, en réalité "jaillir de la lourde nuée humaine.".[3]

Le héros dont nous avons parlé, peut représenter, dans une certaine mesure, le "dernier homme." Il est "l'homme pour autant que celui-ci veut substituer à l'élan de la transcendance, l'insane repos dans un état où il pourrait se complaire en abdiquant toute initiative créatrice.".[4]

Le nouvel homme est créateur et l'humanité ne pourra exister tant que la transcendance ne sera pas investie" dans la tâche de réaliser le surhomme... Cette humanité manifeste à la fois l'aptitude créatrice de la transcendance".[5] et la totale inhumanité du surhumain. Ce dernier n'a plus ce qui fait à nos yeux, l'humanité présente. Il est devenu un homme

---

[1] Évangile de Jean, 1:5-9.

[2] Cité par Eugen Fink in op. cit., p. 87-88.

[3] Cité par Jean Granier in op. cit., p. 584.

[4] Ibid., p. 585.

[5] Ibid.

froid, au regard d'aigle. Il est isolé, seul, sans Dieu ni âme. Il n'incarne plus la force et son regard d'ange perce les nuées recouvrant la foule des hommes.

Le surhomme nietzschéen a cette ambivalence du sommet d'une montagne, toujours différente selon le point où l'on se trouve. Froid et inhumain, surhumain et immanent ou transcendant et Puissant ? Il est tentant de fixer ce nouvel homme sur un ciel sublime et de définir notre dialectique par rapport à lui. Notre esprit a besoin d'un point de référence et Nietzsche nous l'a ôté. Le surhumain est un surhumain, mais est nécessairement et essentiellement pluralité. Par cela il ne peut-être cerné, défini et ne peut résider en un ciel inaccessible. Le symbolisme des images est là pour le rappeler. Dans la Bible, Dieu est dans les cieux et s'il se manifeste, c'est sous forme de nuées, de feu, etc., mais reste séparé de la terre. De la même manière que les olympiens, le surhomme nietzschéen reste sur terre, en hauteur certes, mais sur terre. Cet aspect prend toute sa valeur lorsqu'on le replace dans le contexte grec de cet élément."

Terre (Gaïa), elle, d'abord enfanta un être égal à elle-même, capable de la couvrir toute entière, Ciel (Ouranos) étoilé qui devait offrir aux dieux bienheureux une assise sûre à jamais." (Hésiode, Théo unie, V. 126 sq. trad. P. Mazon) Ce couple primordial donna naissance à la famille innombrable des dieux, des cyclopes et des autres êtres mythiques... Gaïa ou Gê a joui d'un culte assez répandu en Grèce, mais avec le temps d'autres divinités se sont substituées à elle... Homère la mentionne à peine mais un de ses hymnes lui est dédié : "C'est la terre que je chanterai, mère universelle aux solides assises, aïeule vénérable qui nourrit sur son sol tout ce qui existe... C'est à toi qu'il appartient de donner la vie aux mortels, comme de la leur reprendre... Heureux celui que tu honores de ta bienveillance I Pour lui la glèbe de la vie est lourde de récolte ; dans les champs ses troupeaux prospèrent et sa maison se remplit de richesses." (A la terre, I sq. trad. Jean Humbert).[1]

Ici la terre est première et non le ciel, elle est celle qui donne la richesse et la force. Le surhumain n'est donc pas "descendu", mais "monté." Il

---

[1] Mircea Eliade, Traité d'histoire des religions, VII, § 83, p. 208.

ne peut devenir transcendant, mais doit rester uni à la terre. Cette union existentielle, souligne la volonté d'une immanence, qui est restée le fait de chaque stade de la trans-ascendance. C'est dans ce mouvement que l'on voit se manifester une race plus vigoureuse, un type supérieur dont la naissance et la conservation seront assujetties à d'autres conditions que celle de l'homme vulgaire.

Le surhumain semble parfois la conséquence d'une sélection d'individus choisis en vue de cette élite. De nombreux textes tendent à montrer le bien-fondé d'une telle réflexion.

Ainsi le mariage, source de reproduction, est-il l'occasion pour lui d'indiquer ce qu'il convient de faire."

L'autorisation d'avoir des enfants devrait-être conférée comme une distinction et l'on devrait à tout prix ôter au commerce sexuel courant le caractère d'un moyen de reproduction, sinon ce seront toujours les vils qui auront la Prédominance, car les esprits inférieurs ne sont guère ardents au plaisir de l'amour."[1] "Certains hommes éminents devraient avoir la possibilité de se reproduire au moyen de diverses femmes ; et certaines femmes, dans des circonstances particulièrement favorables, devraient aussi ne pas être liées au choix hasardeux d'un seul homme. Il faut prendre plus au sérieux le mariage !"[2]

"Un autre commandement concernant l'amour du prochain. Il y a des cas où un enfant serait un crime : chez les malades atteints de maladies chroniques et chez les neurasthéniques du troisième degré... Dans de nombreux cas, le devoir de la société est d'empêcher la procréation, Pour ce faire, elle a le droit, sans regard à l'origine, au rang et aux qualités de l'esprit, de prévoir les mesures coercitives les plus rigoureuses... L'interdiction biblique : "Tu ne tueras pas" est une naïveté en comparaison de l'interdiction vitale, autrement grave, qui s'adresse aux décadents : "Tu ne procréeras pas !"[3]

---

[1] V.D.P. , t. II, § 250, p. 289.

[2] Ibid., § 251, p. 290.

[3] Ibid., § 252, p. 290.

"Malédiction ! Les meilleurs disparaissent sans laisser d'enfants.".[1]

Dans la perspective nietzschéenne des deux morales et de l'ascension vers le surhumain, il était inévitable de rencontrer cette tentation eugénique. La notion de surhumanité, passe rapidement comme une inhumanité, dans laquelle une vision totalitaire met tout en œuvre pour parvenir à ses fins. Or, Nietzsche récuse qu'il soit possible de parvenir au surhumain, par une simple sélection physique. C'est l'affirmation Dionysiaque requérant "une grande santé" qui est l'articulation entre le corps supérieur et une âme. "Les hommes de très haute culture, avec un corps vigoureux, sont au-dessus de tous les souverains.".[2] C'est la réhabilitation du corps que veut Nietzsche : "Les moralistes stupides ont toujours prêché le perfectionnement sans en réclamer également la base physique : l'ennoblissement du corps.".[3] Mais "l'esprit le plus haut, lié à un caractère faible et nerveux, voilà ce qu'il faut supprimer. Le but ; perfectionnement du corps entier et non du cerveau seulement.".[4] Jusqu'à présent c'est le barbare qui a su garder intactes ses ressources vitales en honorant le corps. La caste aristocratique, qui est toujours à l'origine de la caste des barbares, établit sa prédominance grâce à sa force physique. Mais, remarque Jean Granier, "Nietzsche ne dit pas que barbare et surhomme sont des synonymes, il ne dit pas que l'humanité accédera au surhumain en de bornant à imiter la sauvagerie des aristocraties primitives.".[5] Il dit seulement que la barbarie est ce que tout le corps de l'homme a besoin pour enfanter le surhumain. De même l'eugénisme ne pourra enfanter "cette foudre", mais évitera au barbare la décadence vers un peuple vil et malade. Le surhumain étant la vie et l'esprit, comment Nietzsche peut-il rester insensible devant la reproduction humaine entraînant les peuples vers le chaos destructeur ?

Loin d'être une originalité nietzschéenne, il est bon de rappeler que l'eugénisme connaît ses "lettres de noblesse" à l'époque où il écrit les

---

[1] Ibid., 256, p. 291.

[2] Cité par Jean Granier in op. cit., p. 593.

[3] Ibid.

[4] V.D.P. , t. II, § 402, p. 328.

[5] Ibid., Jean Granier, p. 594.

textes précédents." En l957 est publiée une sorte d'étude transclinique." Le traité des dégénérescences physiques, intellectuelles et morales de l'espèce humaine. En s'appuyant sur des considérations biologiques, philosophiques et même théologiques, son auteur, le docteur aliéniste Morel, lance un cri d'alarme... Selon lui l'espèce humaine se perpétuerait selon un type primitif idéal qui renfermerait l'ensemble des éléments de la continuité de la race et toute déviation de ce schéma correspondrait à une dégénérescence de notre nature." Créé pour atteindre le but assigné par la sagesse éternelle, écrit Morel, l'homme ne le peut que si les conditions qui assurent la durée et le progrès de l'espèce humaine ne sont pas plus puissantes encore que celles qui concourent à la détruire et à la faire dégénérer." En 1903 étaient aussi publiés dans *La chronique médicale* les résultats d'un étrange sondage réalisé auprès de plusieurs sommités du monde de la médecine sur l'attitude à adopter face à tous les syphilitiques, tuberculeux, cancéreux, déments et autres "tarés" qui "sèment la mauvaise graine" en commettant l'imprudence de se marier et de procréer. Et la quasi-totalité des médecins interrogés déclara qu'il s'agissait là d'une hérésie : "Il est odieux de créer des êtres débiles, malingres, incomplets, idiots ou inférieurs.... Voués aux souffrances physiques et aux misères morales", déclare le docteur Barthélémy." Oui, il faut améliorer la vie, jusqu'à présent incohérente par l'irréflexion de ses créateurs." (Docteur Cazalis) "Il est à désirer que tous les tarés et miséreux physiologiques demeurent sans postérité..." (professeur Folet)."[1]

Les idées nietzschéennes replacées dans leur contexte historique, ne semblent nullement révolutionnaires ou choquantes. Il est sûr que l'utilisation politique ou médicale de telles conclusions aboutit, à l'extrême, rapidement à une aberration complète. Cependant, par ce point polémique, nous remarquons un fait important du surhumain. Il doit être un homme en pleine possession de ses facultés physiques et mentales, un homme unique qui peut alors décider ce qui est nécessaire à l'humanité. Le nouvel homme, par son existence, devient le témoin de

---

[1] L'histoire, Ne 108, Février 1988, Pierre Darmon, La tentation eugénique, p. 60-61.

celui qui est parvenu par-delà le bien et le mal. Sa vie, sa nature vont alors éclairer la dimension nouvelle de la morale et de la religion.

Le surhomme et les valeurs

"Le mot "surhomme" dont j'usais pour désigner un type d'une perfection absolue, par opposition aux hommes modernes, aux "braves" gens, aux chrétiens et autres nihilistes... ce mot a presque toujours été employé avec une candeur parfaite au profit des valeurs dont le personnage de Zarathoustra illustre l'opposé, pour désigner le type "idéaliste" d'une race supérieure d'hommes, moitié "saints", moitié "génies"... Je soufflais à quelqu'un de chercher chez les Borgia plutôt que chez Parsifal.".[1]

Le surhomme désigné par Nietzsche est au-delà de tout ce qu'un homme ancien peut comprendre. Il est l'homme libre, qui a pour la première fois "réuni en lui, le juste, le héros, le poète, le savant, le devin, le chef ; il a étendu la voûte au-dessus des peuples, dressé des colonnes sur lesquelles repose un ciel assez fort pour porter un ciel." (Voilà comment parlera le surhumain.)".[2]

Jadis les hommes et les philosophes projetaient "dans la nature l'image qu'ils se faisaient de l'homme : déshumanisons la nature ! Plus tard c'est en eux-mêmes qu'ils infuseront leur rêve ; au lieu de philosophies ou d'œuvre d'art, il y aura des hommes idéaux qui tous les cinq ans tireront d'eux-mêmes un nouvel idéal.".[3]

L'homme est promu au rang de créateur d'idéal. Ce dernier a cessé d'être transcendant et seul le surhomme peut-être suffisamment libre pour le créer. Cependant, cette spiritualité nécessaire, procède, chez lui, directement de la sublimation des instincts les plus robustes. Elle est donc transfiguration du sensible et non plus, comme chez les natures décadentes, principe de dénigrement et de corruption. "Nous sommes

---

[1] E.H., Pourquoi j'écris de si bons livres, § 1, p. 65-66.

[2] V.D.P. , t. II, § 595, p. 382.

[3] Ibid., § 562, p. 375.

libres d'aimer nos sens tant nous les avons spiritualisés et rendus artistes... Alors une richesse débordante de forces diverses s'unit amicalement chez le même homme à la force la plus vive du "libre arbitre" et de la décision souveraine ; l'esprit se sent à l'aise et en confiance dans le domaine de l'esprit.".[1]

C'est le renversement des valeurs qui a fourni cette grande énergie qui a déchainé" chez les nouveaux hommes cette prudence, cette foule d'instincts tenus en bride et calomniés.".[2]

Le surhomme est celui qui a pénétré dans l'ordre nouveau que Nietzsche se proposait de créer ; "un ordre d'hommes supérieurs auprès desquels les consciences et les esprits tourmentés iront prendre conseil ; des hommes qui, comme moi (Nietzsche), sauront non seulement vivre à l'écart des crédos politiques et religieux, mais qui auront triomphé de la morale elle-même.".[3]

Le surhumain est cet homme "qui sentira en lui la plénitude et l'infini de la connaissance et de l'amour, de l'intuition et de la puissance, qui s'attachera de tout son être à la nature et s'y intègrera afin d'y être le juge et la mesure de la valeur des choses.".[4]

Dans l'ascension précédent§ le héros devenait un demi-dieu ; des actions héroïques étant divinisées par les hommes. Son être était l'exemple de la valeur et sa vie l'illustration des ver tus considérées comme nobles. Le surhomme a abandonné la puissance pour la force, la vertu pour la clarté, l'héroïsme pour la solitude. Il devient cet être froid et distant, essentiellement libre, surhomme parce que parfaitement homme. Le sens de la terre fonde sa vie et la vision qu'en donne Nietzsche apparaît alors clairement. Le héros, bien souvent assimilé au surhumain, est dans la vision décadente de l'idéal, plus élevé vers les dieux que le surhumain. Ce dernier est la nature de l'homme redescendu sur terre et foulant la Gaia grecque et ressentant les forces Chtoniennes le parcourir. Le

---

[1] J. Granier, op. cit., p. 599.

[2] V.D.P. , t. II, § 13, p. 229.

[3] Ibid.

[4] Cité par Jean Granier in op. cit., p. 599.

surhumain est cette race d'hommes supérieurs d'en bas. Par un renversement ontologique, la surhumanité des cimes nietzschéennes n'est pas idéale mais terrestre. L'on comprend alors mieux la phrase de Nietzsche citée plus haut : "Ce que j'aime en lui, c'est la nuque du taureau : mais je veux en outre, maintenant voir le regard de l'ange. "La Bible nous offrait des anges aux visages d'hommes, Nietzsche nous donne des surhommes au regard d'anges. Retournement dans lequel la valeur est ce que le surhomme incarne. L'existence n'est plus unique, elle est éternelle. La pluralité des hommes y est entraînée éternellement et les valeurs sont donc aussi changeantes que la personnalité propre de chaque individu. "Le surhomme apparaît comme" un César qui aurait l'âme du Christ.".[1] César et non Caligula comme auraient pu le laisser croire certains textes exaltant la violence et la souffrance. La force n'est qu'un aspect de cette religion (Religare) de la terre. Elle est l'illustration vivante de la surhumanité, utilisant chacune de ses facultés et de ses pouvoirs, en se distinguant radicalement des autres : "Ma morale consisterait à enlever à l'homme de plus en plus ses caractères communs et à le spécialiser jusqu'à le rendre incompréhensible pour son voisin.".[2] "En d'autres termes, l'universalité ne saurait être atteinte que par l'approfondissement de la particularité ; et non point, comme c'est le cas dans la culture domestication, par son amenuisement.".[3] "L'esprit se sent à l'aise et en confiance dans le domaine des sens, comme les sens se sentent à l'aise et en confiance dans le domaine de l'esprit... et tout ce qui de passe dans l'esprit de traduit nécessairement de façon sensible, en bonheur, en un jeu d'une rare délicatesse...".[4] Nietzsche explique cette situation existentielle dans un texte que nous citons ci-dessous. Il synthétise et rappelle l'ensemble des pointa particuliers que nous avons pu développer sur le surhomme."

Il est vraisemblable que chez des hommes accomplis et parfaite comme ceux-là, les opérations les plus matérielles des sens sont transfigurées par une ivresse symbolique de la plus haute spiritualité ; ils ressentent en eux

---

[1] Ibid.

[2] Cité par Jean Granier in op. cit., p. 600.

[3] Ibid.

[4] Ibid.

une sorte de divinisation du corps... Toute la longue, l'immense échelle lumineuse et colorée du bonheur, qui va de cette cime de joie où l'homme se sent tout entier comme une forme divinisée et une justification de la nature par elle-même, jusqu'à la joie qui naît de la santé paysanne ou de l'allégresse des monstres à demi humains seulement, c'est ce que le Grec, non sans le frisson reconnaissant de l'initié aux mystères, non sans beaucoup de prudence et de pieuse réticence, appelait d'un nom divin : Dionysos.".[1]

Dionysos devient le nom que Nietzsche donne à l'être vivant, à celui qui a transvalué toutes les valeurs, qui est devenu le surhomme. De cette manière le oui dionysiaque est substitué à l'ancien non du dénigrement moral, entraînant un remaniement considérable de toutes les perspectives philosophiques. Dionysos est cette force intempestive animant l'homme, le parcourant et le transfigurant. "Dionysos est le juge" Dieu de l'exubérance débordante de la vie, et dieu de la mort. "Le même est Hadès et Dionysos nous dit Héraclite.".[2] C'est sur ce point, celui des derniers mystères relatifs à "la destinée des âmes" et "surtout de la hiérarchie immuable et de l'inégalité qualitative entre les hommes que commence le grand abîme, le grand silence grec.".[3]

Nous nous trouvons face à une assimilation en un personnage de trois dénominations différentes : le surhomme, Dionysos et bientôt, Nietzsche lui-même. Le grand silence grec dont parle Nietzsche est celui où les savants ne verront jamais clair." Il faut attendre, dit Nietzsche, de préparer dans la solitude... dépasser tout christianisme au moyen d'un hyperchristianisme.".[4] La doctrine chrétienne est complémentaire de la dionysiaque. Pour accéder au tréfonds de ce mystère grec, il faut comme l'a fait Nietzsche, s'initier au monde grec et devenir plus qu'un grec. L'hyperchristianisme, c'est le "génie du cœur tel que le possède ce grand

---

[1] V.D.P. , t. II, § 557, p. 373.

[2] Cité par Eugen Fink in op. cit., p. 221.

[3] V.D.P. , t. II, § 557, p. 373.

[4] P. B.M., 9° partie, § 295, p. 206.

caché, le dieu tentateur, le flûteur né des consciences dont la voix sait descendre jusqu'aux souterrains de l'âme.".[1]

Ce génie du cœur Dionysos sait faire taire les bruyants et les vaniteux, polir les âmes rudes et leur donner à goûter un désir nouveau. "Le génie du cœur qui enseigne l'hésitation aux mains grossières et trop promptes, pour qu'elles apprennent à saisir avec plus de grâce... qui devine le trésor caché et oublié... qui est comme une baguette de sourcier pour chaque grain d'or longtemps enseveli dans une lourde prison de boue et de sable.

Le génie du cœur dont nul n'est effleuré qu'il ne se sente plus riche... plus riche de soi-même, renouvelé à ses propres yeux... plein d'un vouloir et d'un élan nouveaux, plein d'un mauvais vouloir et d'un refus nouveau...".[2]

Ce génie du cœur, le Grand Midi, c'est le grand dieu ambigu et tentateur auquel Nietzsche "consacrait autrefois ses prémices, en grand secret et vénération "moi, le dernier, ce me semble, qui lui ai offert une oblation, car je n'ai rencontré personne qui eut compris ce que je fis alors. Depuis j'ai appris beaucoup de choses, trop de choses sur la philosophie de ce dieu et je l'ai dit, de bouche à oreille, moi le dernier disciple de Dionysos et don dernier initié.".[3] Derrière l'artifice rhétorique, c'est Nietzsche véritablement initié à ce dieu qui s'adresse à nous. C'est cet état qui lui a permis d'étendre "au-dessus de lui le ciel clair, brillant et mystérieux du Midi ; de reconquérir la santé méridionale et la vigueur secrète de l'âme.".[4]

Avec Dionysos, c'est l'affirmation de l'hellénisme tout entier qui s'effectue. Le Dionysos grec était ce dieu de la danse et de la destruction. Il devient un philosophe, car "les dieux aussi s'occupent de philosophie.".[5] "Les hommes doivent devenir plus forts, plus méchants, plus profonds, et plus beaux. Sur quoi, le dieu tentateur sourit de son

---

[1] Ibid., p. 207.

[2] Ibid.

[3] Ibid.

[4] Ibid., p. 208.

[5] Ibid.

sourire alcyonien, comme s'il venait de dire une exquise politesse.".[1] Que Dionysos se dévoile dans sa véritable nature arrache les nuées recouvrant la montagne et celui que nous découvrons est Zarathoustra, le premier philosophe, l'initié du dieu, l'homme dans lequel l'être et l'existant se sont confondus pour former le surhomme.

Les nouvelles cimes

"Ô senteurs pures autour de moi, s'écria-t-il, O silence bienheureux autour de moi !... Dites-moi, mes animaux, ces hommes supérieurs, tous tant qu'ils sont ne sentent-ils peut-être pas bon ? Ô senteurs pures, autour de moi ! C'est maintenant seulement que je sais et que je sens comme je vous aime, vous mes animaux... Ils étaient ainsi tous les trois réunis et ils humaient et reniflaient ensemble le bon air. Car l'air, ici dehors, était meilleur qu'auprès des hommes supérieurs.".[2]

Le plus haut point que Nietzsche veut représenter est le sommet de la montagne. Le texte que nous venons de citer souligne l'importance de l'air et de l'odeur. Parvenu au terme de ce qui peut être dit de l'ascension, Nietzsche retrouve les images sacrées utilisées dans toutes les traditions religieuses. Remarquons ici l'emploi de deux éléments particuliers qui sont une constante dans Ainsi parlait Zarathoustra. Il s'agit de la montagne et de la caverne.

La montagne dans la tradition sacrée peut-être comprise en dégageant les grandes lignes de force qui s'articulent par nature sur elle." On peut les résumer ainsi :

1. La montagne fait la jonction entre la terre et le ciel.

2. La montagne sainte est située au centre du monde ; elle est l'image du monde.

3. Le temple est assimilé à cette montagne...

---

[1] Ibid.

[2] A.P. Z., 4° partie, Le chant de la mélancolie, § 1, p. 422-423.

De par son caractère massif dominant la terre d'alentour, le dépaysement qu'on éprouve à s'y aventurer, la quasi-impossibilité d'y subsister longtemps, l'enveloppement des nuées, le déchainement fréquent de la foudre, tout concourt à faire de la montagne un véritable autre monde.".[1] La montagne est "le haut lieu de l'humanité." Son sommet est le point de rencontre entre l'homme et le divin. C'est le symbole de la réunion. C'est l'archétype de tous les temples. Rappelons les ziggurats mésopotamiennes, les pyramides, les cathédrales ainsi que toutes les hauteurs sacrées, telles : le mont Sinaï, l'Himalaya, le Fuji-Yama, l'Aboy en Iran, le mont Thabor, etc.

La montagne est le centre sacré, le nombril de la terre. Par centre il faut entendre "un ensemble clos, complet en soi, un microcosme suffisant.".[2] Au-delà de ses frontières commence le domaine du chaos et des ténèbres.

Le centre est aussi le lieu de passage "de l'une à l'autre des trois grandes zones fondamentales d'une structure anthropo-cosmique totale : Ciel, Terre, Enfers. C'est toujours un seuil où est rendu possible une rupture de niveau, un saut dans un autre monde.".[3]

L'on remarque aisément le rapport étroit entre l'emploi que Nietzsche fait de ces images et leur structure archétypale. En tant que point de rencontre, la montagne permet à l'homme d'accéder, non au divin qui a été évacué, mais à l'altitude. Cette constante que nous retrouvons à plusieurs endroits, synthétise l'ensemble des sensations psychologiques de l'homme parvenant à la surhumanité dans les cimes. L'air ne peut être lourd, chaud et humide. Au contraire, toute montagne sacrée a un sommet pur et immaculé. Rappelons à ce titre le Fuji-Yama et l'Himalaya. Ainsi le haut de cette montagne ne peut représenter le contact entre l'homme et le divin mais va révéler la surhumanité. Zarathoustra est ce premier homme qui gravit, demeure et redescend de

---

[1] Gérar de Champeaux, dom Sébastien Sterckx, Le monde des symboles, Ed. Zodiaque, 1980, p. 164-165.

[2] Ibid., p. 166.

[3] Ibid. p. 167.

la montagne. L'on peut dire que l'ensemble de l'œuvre *Ainsi parlait Zarathoustra* est bâtie autour de ce centre.

Ce que Zarathoustra éprouve, va être étendu au surhomme, mais aussi au premier philosophe, celui qui découvre la véritable valeur des choses. Il faut donc, pour lire Nietzche, avoir gravi cette montagne, car : "Qui sait respirer l'air de mes écrits sait que c'est l'air des altitudes, un souffle rude... La glace est proche, la solitude formidable."[1] "Le génie a besoin d'air pur."[2] "Zarathoustra n'est pas seulement le livre le plus haut qui soit, c'est le véritable livre des altitudes."[3] La montagne est le lieu de la solitude, c'est le point où l'être doit se trouver seul pour se retrouver." Je vais maintenant aller seul mes disciples ! Vous aussi vous allez vous en aller et chacun seul !... Maintenant je vous ordonne de me perdre et de vous trouver."[4]

Dans la perspective nietzschéenne, le propre du philosophe est d'être un "voyageur et un grimpeur" qui n'aime pas les plaines.[5] Zarathoustra s'interroge "au sommet de la montagne où il faisait froid".[6] et sa remarque souligne un des aspects importants de son message." D'où viennent les montagnes les plus hautes ? Alors j'appris qu'elles sont venues de la mer. Cette preuve est écrite dans leur pierre et dans les parois de leurs cimes. Il faut que ce soit du plus profond que le plus haut s'élève à sa hauteur propre."[7]

La montagne est bien ce lieu de passage entre deux zones, celle de l'obscurité et celle de la lumière. Ainsi Nietzsche a eu à descendre dans les ténèbres avant de les "trans-ascender." "Plus bas, jusqu'au plus profond dans la douleur, plus profond que je ne sois jamais descendu." Les hommes que Zarathoustra rencontre sont invités à

---

[1] E.H., Préface III, p. 9.

[2] Ibid., Pourquoi j'en sais si long, II, p. 42.

[3] Ibid., Préface IV, p. 10.

[4] A.P. Z., 1° partie, De la vertu qui prodigue, § 3, p. 105.

[5] Ibid., 3° partie, Le voyageur, p. 211.

[6] Ibid., p. 214.

[7] Ibid.

emprunter le chemin qui monte à la caverne. La fonction symbolique est encore une fois soulignée par ces mots. Le surhomme est celui qui vit sur la montagne, mais qui habite une caverne, lieu obscur et terrestre. Il s'agit bien de la représentation de l'obscurité que doit maintenir en lui celui qui gravit les cimes. La tentation du surhomme serait de s'envoler, d'habiter ce ciel apparemment séparé de lui. Toutefois, c'est là une chose impossible car c'est lui-même, nouveau démiurge, qui le déroule. La caverne est la représentation visible de cette rupture de niveaux. Elle est cette échelle symbolique reliant le sommet aux ténèbres du centre de la terre. L'analogie éclaire le nouvel être dans sa particularité. Il est la pensée d'abîme parcourant les sommets. L'esprit entretient en lui cette partie virile et aristocratique qui est l'incarnation de la force vitale, de la volonté de puissance. Consciente de cette dynamique intérieure, la pensée vit, libérée des anciens jougs. L'existence est devenue prépondérante et l'essentiel de sa nouvelle nature est d'incarner un mouvement incessant, reflet du jaillissement de la vie. "Je suis un voyageur et un grimpeur... il me semble que je puisse rester assis tranquillement longtemps... et quoi qu'il m'arrive... il y sera contenu un voyage et une escalade : en fin de compte ce n'est plus que de soi-même dont on fait l'expérience.".[1]

L'état atteint est celui de la pleine conscience de soi-même, de l'activité de la vie au sein de son être. Mais le surhomme n'est même plus conscient de cela, il est essentiellement l'expérience de la vie dépassant la conscience qu'elle a d'elle-même. Nietzsche fait ici un rapport étroit entre le philosophe, tel qu'il le conçoit et ce nouvel homme.

"Un philosophe est un homme... dont ses propres pensées, qui sont ses événements, frappent pour ainsi dire de l'extérieur, d'en haut et d'en bas, à la manière de coups de foudre ; un homme de destin autour duquel le ciel gronde et la terre s'entrouvre.".[2] Le philosophe est cet homme qui ne semble pas avoir d'intériorité. Nous avons cependant pu voir qu'une certaine transcendance pouvait-être comprise au cours de l'ascension nietzschéenne.

---

[1] A.P. Z., 3° partie, Le voyageur, p. 211-212.
[2] B.M., 9° partie, § 292, p. 205.

Mais à quelque stade que l'on se trouve, l'immanence reste l'élément clef et constitutif de l'être nietzschéen. La transcendance peut-elle être compatible avec l'immanence ? Nul doute qu'il n'en est rien pour Nietzsche, car il ne peut y avoir une nature séparée du monde dans lequel nous nous trouvons. La transcendance nietzschéenne est une hauteur de l'être. Elle n'est pas située sur un plan de l'ailleurs mais sur un plan de *l'hic et nunc* de la verticalité.

Le surhomme devient supérieur par son ascendance et sa capacité à se libérer de tout faux idéaux. Il est donc transcendant par rapport à l'être, comme la montagne l'est par rapport à la plaine : à la fois une et différente. Le philosophe tel que Nietzsche le définit plus haut, incarne cette verticalité entre le feu du ciel et les rochers des profondeurs. "Ô heure bénie de la foudre !... Je veux faire d'eux, un jour, des feux courants et des prosélytes aux langues de flamme.".[1] Nietzsche écrit : "Toute philosophie dissimule aussi une philosophie.".[2] Ici, c'est le surhomme qui est dissimulé derrière celle de Nietzsche.

"Philosopher, c'est vivre naturellement sur la glace et les cimes, à la recherche de tout ce qui est surprise et problème dans la vie, de tout ce qui, jusqu'à présent, avait été tenu au ban par la morale.".[3] L'immoralisme nietzschéen nous apparaît donc comme un haut degré de spiritualité. Le parallèle entre les cheminements mystiques classiques et son propre cheminement nous ont montré qu'un apparent nihilisme, incarnant le pouvoir de la vie, permet d'accéder au rang de surhumanité, au-delà des frontières de la morale. Cette dureté apparente est celle du Saint-Homme qui a vaincu les cieux impurs et est libre de philosopher sans entraves. La philosophie du marteau devient la philosophie propre au paganisme, ouvrant à une religion et une morale humaines juste expression de la vie et de la terre.

---

[1] A.P. Z., 3° partie, De la vertu qui rend petit, § 3, p. 241.

[2] B.M., 9° partie, § 289, p. 204.

[3] Ibid.

Conclusion

Au terme de cette étude, Nietzsche nous apparaît, tel qu'il a désiré être, le premier homme, la dynamite qui a brisé les lois révélées. Il est l'homme qui a réhabilité la terre et la vie, en montrant la place qu'elles tenaient dans l'être humain et dans la pensée.

Sa profonde identité avec le monde grec lui a permis de pénétrer l'essence même du paganisme en découvrant la valeur de l'immanence et du retour éternel des choses et des êtres. Nouveau prophète, Zarathoustra -Nietzsche voit les chants et les danses autour du veau d'or judéo-chrétien et brise les tables, rejetant le dieu transcendant et sa révélation. Cela n'a pu avoir lieu que par cette transvaluation de toutes les valeurs, formant la véritable morale essentiellement terrestre. Pour cela, dit Nietzsche ; "où que tu sois, creuse profond ; en bas c'est la source. Laisse les hommes noirs crier : En bas c'est toujours l'enfer."

Le ciel intelligible brisé, l'homme a dû descendre, entamer sa nuit obscure et révéler les ténèbres humaines de la morale et de la religion. La généalogie de la morale a permis de faire apparaître cette religion d'esclaves, enfermés dans le labyrinthe obscur du ressentiment. Cette nuit instituée et maintenue par les "cadavres qui croient posséder la seule passerelle", a permis de découvrir l'être véritable, créateur des valeurs. Le maître a incarné l'ordre supérieur de la nature et est devenu l'image de l'ascension continu du héros au surhomme, dans la quête allégorique des cimes.

Dépassant les horizons intelligibles, la dualité artificielle de la morale, l'esprit aborde un aspect religieux tout à fait nouveau. "Je n'ai rien, en dépit de tout, d'un fondateur de religion, les religions sont affaire de populace... Je ne veux pas des fidèles... j'ai une peur horrible d'être canonisé un jour... Peut-être suis-je un guignol. Et pourtant... la vérité parle par ma bouche... Mon destin a voulu que je sois le premier honnête homme.".[1] Il révèle l'essence même de cette nouvelle religion. Le paganisme n'a jamais su, au cours de l'histoire, être une religion

---

[1] E.H., Pourquoi je suis une fatalité, I, p. 143.

instituée ; il n'a pu être que la liberté donnée à l'homme d'adorer un sacré.

Le christianisme transvalué a donc supprimé les mensonges idéaux et a retrouvé ce sentiment de sacré immanent, réconciliant l'homme à lui-même et à son milieu. Cependant les travers plébéiens étant si forts, Nietzsche met en garde contre cette volonté d'idéaliser le fondateur et d'établir une pensée stable. L'esprit ne peut-être que mouvant et multiple. "On paie mal un maître en ne restant toujours que l'élève.".[1] La pensée doit-être libre et puissante, pour pouvoir donner naissance à ce que Nietzsche appelle, "une étoile dansante."

Le christianisme n'est pas rejeté, car il reste la pratique par laquelle on peut viser les cibles les plus éloignées. Ce qui est radicalement rejeté est tout ce qui est issu du paulinisme, religion décadente. Nietzsche place donc "Dionysos en face du crucifié...".[2] L'un semble alors être l'opposition de l'autre. D'un côté la religion transcendante, monothéiste, fondatrice des valeurs éternelles ; d'autre part le paganisme, polythéiste, fondateur de la liberté créatrice des valeurs multiples.

Dionysos en face du crucifié ! Cela pourrait-être l'antithèse définitive à laquelle parvient Nietzsche au terme de sa vie. Ainsi dans sa lettre à Malwida von Meysenbug, il écrit : "Voulez-vous un nouveau nom pour moi ? La langue d'Eglise en possède un : je suis l'Antéchrist.".[3] Cette identification se faisant à propos d'Ecce Homo marque l'opposition radicale entre Nietzsche et cette religion. Or sa volonté est d'éviter ce qui peut servir d'élément fondateur. Devenir l'Antéchrist reviendrait à fonder une religion antichrétienne "et à considérer son langage comme une parole de fondation, promise et prometteuse, c'est-à-dire prophétique.".[4] Nietzsche récuse donc ce terme dans ce qu'il peut avoir de définitif et "renverse l'antagonisme" Dionysos contre le crucifié "en

---

[1] A.P. Z., 1° partie, De la vertu qui prodigue, § 3, p. 105.

[2] E.H., Pourquoi je suis une fatalité, IX, p. 155.

[3] Cité par Dominique Tassel in l'Antéchrist, op. cit., Le texte et ses œuvres, § IV, p. 156-157.

[4] Ibid., p. 158.

une double incarnation, "Dionysos" et "le crucifié". Il devient ainsi cet être qui peut donner sa vie en exemple, sa vie libre et créatrice.

———————

"... Maintenant nous célébrons, unis, certains de la victoire,

La Fête des fêtes : Zarathoustra est venu, l'ami, l'hôte des hôtes !

Maintenant le monde rit, le morne rideau s'est déchiré,

La lumière a fêté ses noces avec la nuit...".[1]

———————

[1] P. B.M., Du haut des monts, Postlude, p. 212.

ANNEXE

Sermon du haut des monts

A de nombreuses reprises, Nietzsche emprunte le voile de textes bibliques, pour les détourner de leur sens trompeur et leur redonner une nouvelle clarté philosophique. Il nous a paru intéressant de réunir les phrases les plus caractéristiques que nous avons rencontré, dans une sorte de "sermon du haut des monts." Elles donneront une idée brisée de la pensée nietzschéenne mais cependant riche de par leur contenu aphoristique.

"Bienheureux sont ces ensommeillés : car ils s'assoupiront bientôt.".[1]

"Heureux les oublieux, car ils viennent aussi à bout de leurs sottises.".[2]

"Béni soit ce qui rend endurant.".[3]

"Laissez venir à moi le hasard ; il est innocent comme un petit enfant.".[4]

"L'homme ne vit pas seulement de pain, mais aussi de la chair des bons agneaux.".[5]

"Je vais maintenant aller seul, mes disciples ! Vous aussi vous allez vous en aller et chacun seul ! Je le veux ainsi.".[6]

"Qui s'abaisse veut être élevé.".[7]

---

[1] A.P. Z., 1° partie, Des chaires de vertu, p. 36 | Mathieu 5:3.

[2] P. B.M., V2° partie, § 217, p. 137 | Mathieu 5:4.

[3] A.P. Z., 3° partie, Le voyageur, p. 213 | Mathieu 5:11.

[4] Ibid., Sur le mont des oliviers, p. 245 | Mathieu 19:14.

[5] Ibid., 4° partie, La cène, p. 404 | Mathieu 4:4 ; Deutéronome 6:16.

[6] Ibid., 1° partie, De la vertu qui prodigue, § 3, p. 105 | Marc 6:7.

[7] H.T.H., II, § 87, Luc 18:14 corrigé, p. 95.

"In vino veritas... chez moi l'esprit plane au-dessus des eaux.".[1]

"Une injustice partagée est déjà à moitié justice.".[2]

CHRONOLOGIE DES OEUVRES

1854 : Premières compositions de Nietzsche.

Poèmes, Pièces de théâtre.

1858 : Première autobiographie, écrite au gymnase de Pforta.

1861 : Poème "Au Dieu inconnu."

Essai sur Hôlderlin.

1863 : Essai sur "Le démoniaque en musique".

1865-1868 : Philologica.

1869 (28 mai) : Discours magistral d'inauguration prononcé à l'Université de Bâle : "Homère et la philologie classique."

1869-1871 : Les cours de cette période constitueront "La naissance de la philosophie à l'époque de la tragédie grecque."

1870 : Le drame musical grec.

Socrate et là tragédie.

Sur la conception dionysiaque du monde.

1871 : Manuscrit sur l'origine de la Tragédie.

1872 : Conférence sur L'Avenir de nos établissements d'enseignement.

Rapport de la philosophie de Schopenhauer avec la culture Allemande.

Le dernier philosophe.

Le philosophe.

---

[1] E.H., Pourquoi j'en sais si long, I, p. 40 | Genèse 1:2.

[2] A.P. Z., 1° partie, De la morsure de la vipère, p. 91 | Proverbe.

Considérations sur le conflit de l'art et de la connaissance.

1873 : Le philosophe comme médecin de la civilisation.

Les deux premières Considérations inactuelles : David Strauss ;

De l'utilité des inconvénients de l'histoire pour la vie.

Introduction théorétique sur la vérité et le mensonge au sens extramoral.

Projet d'un "Œdipe".

Appel à la nation allemande.

1874 : Troisème "Intempestive" : Schopenhauer éducateur.

Fragment de "Prométhée".

1875 : Nous philologues.

La science et la sagesse en conflit.

Quatrième "Intempestive" : Richard Wagner à Bayreuth.

1876 : Le soc.

Papiers sorrentais.

1877 : Papiers sorrentais.

Dès septembre, il rédige à Bâle, la première partie de *Humain, trop humain*.

1878 : Humain, trop humain (deux premières parties).

1879 : Le voyageur et son ombre ; opinions et sentences mêlées, respectivement la quatrième et troisième parties de *Humain trop humain*.

1880-1881 : Aurore.

1881-1882 : Le gai Savoir.

Poèmes (après la rencontre à Rome de Lou salomé).

1883 : Premières et secondes parties de Ainsi parlait Zarathoustra.

(à Sus Maris, en mai-juin, il a la révélation de l'Eternel Retour. A partir du 4 décembre, à Nice, Nietzsche commence à écrire la troisième partie de Ainsi parlait Zarathoustra.

1884 : Le poème "Au Mistral" est écrit à Menton fin septembre.

Les dithyrambes à Dionysos.

1885 : Quatrième partie de Ainsi parlait Zarathoustra.

1885-1886 : A Nice, il ébauche La volonté de Puissance.

1886 : Par-delà le bien et le mal.

1887 (Septembre) à Nice, il écrit La généalogie de la Morale.

1888 : Fin des Dithyrambes à Dionysos.

Le cas Wagner.

Le crépuscule des idoles.

L'Antéchrist.

Nietzsche contre Wagner.

Ecce Homo.

BIBLIOGRAPHIE

1. Éditions des œuvres de Nietzche utilisées

–   La naissance de la tragédie, traduction de Michel Haar, Philippe Lacoue Labarthe et Jean-Luc Nancy, tome I, œuvres philosophiques complètes, Gallimard, 1977.

–   Par-delà Bien et mal,

–   La généalogie de la morale, trad. Cornélius Heim, Isabelle Hildenbrand et Jean Gratien, Ibid., 1971. (Tome VII)

–   Fragments posthumes, Ibid., tome IX.

–   Humain trop humain, trad. Robert Rovini, tome I-II, collection Follio essais, Gallimard, 1987.

–   Le gai savoir, trad. Alexandre Vialatte, Ibid., 1986.

–   Ainsi parlait Zarathoustra, trad. Georges-Arthur Goldschimdt, Le livre de poche, 1972.

–   L'Antéchrist, Trad. Dominique Tassel, Collection10/18, 1985.

–   Ecce homo, Trad. Alexandre Vialatte, Ibid., 1987.

–   La volonté de puissance, Trad. G. Bianquis, N.R.F., Gallimard.

2. Ouvrages généraux utilisées

ANDLER Charles, Nietzsche, sa et sa pensée, Ed. Bossard, Paris, 1931.

BERTRAM Ernst, Nietzsche, Essai de mythologie, Trad. R. Pitrou, Paris, 1932.

BIBLE (la), Trad. Second révisée, Alliance Biblique Universelle, 1978.

BIRAULT Henri, Sur un texte de Nietzsche : "En quoi, nous aussi, nous sommes encore pieux" (Le gai savoir, 1. V § 344), in Revue de Métaphysique et de Morale, janv.-mars 1962.

BRUN J., Le retour de Dionysos, Desclée, 1969. CARROUGES Michel, La mystique du surhomme, N.R.F. Gallimard, 1948.

Corpus Hermeticum, Belles lettres.

DANTE, La divine comédie, Classiques Garnier, 1982.

DELEUZE Gilles, Nietzsche et la philosophie, Paris, P.U.F., 1962.

Dhammapada, trad. André CHEDEL, Dervy-livres, 1976.

ELIADE Mircea, Traité d'histoire des religions, Payot, 1986. Le mythe de l'éternel retour, Paris, N.R.F., Gallimard, 1949.

FAGUET Emile, En lisant Nietzsche, Paris, Société française d'imprimerie, 1904.

FINE Eugen, La philosophie de Nietzsche, Les éditions de minuit, 1986.

FOUILLEE Alfred, Nietzsche et l'immoralisme, Paris, Alcan, 1904.

GOYARD FABRE Simone, Nietzsche et la conversion métaphysique, La pensée universelle.

GRANIER Jean, Le problème de la vérité dans la philosophie de Nietzsche, Editions du seuil, Paris, 1966.

Histoire des religions, Pléiade, 1970.

Imitation de Jésus-Christ, Trad. de l'Abbé F. Lamennais, Tours, 1873.

JASPERS Karl, Nietzsche, introduction à sa philosophie, Paris, N.R.F. Gallimard, 1961.

Nietzsche et le christianisme, Ed. de minuit, 1949.

LASSERRE Pierre, Morale de Nietzsche, Calman-Lévy, Paris, 1923.

MOUROUX J., Le mystère du temps, approche thèologique, Aubier, 1962.

QUINOT R., Nietzsche, pages mystiques, R. Laffont, 1945.

ROYAUMONT (Cahiers de), Nietzsche, Ed. de minuit, 1967.

STERCKX dom Sébastien, de CAMPEAUX G., Le monde des symboles, Ed. zodiaque, 1980.

SCHAERER René, Le héros, le sage et l'événement, Aubier Montaigne, 1964.

THIBON Gustave, Nietzsche ou le déclin de l'esprit, Lardanchet, 1948.

VERNANT J.P., *Mythe et pensée chez les grecs*, Maspéro.

TABLE DES ABREVIATIONS

N.T. La naissance de la tragédie.

H.T.H. Humain trop humain.

G.S. Le gai savoir.

A.P.Z. Ainsi parlait Zarathoustra.

P.B.M.(B.M.) Par-delà le Bien et le Mal.

G.M. La généalogie de la morale.

C.I. Le crépuscule des idoles.

A.C. L'Antéchrist.

E.H. Ecce homo.

V.P. (V.D.P.) La volonté de puissance.

O.P. Œuvres posthumes.